OS ORIXÁS

e a personalidade humana

Mario Cesar Barcellos

OS ORIXÁS

e a personalidade humana

Rio de Janeiro
2019

5ª edição - revista e ampliada

Copyright © 1977
Mario Cesar Barcellos
Pallas Editora

Editoras
Cristina Fernandes Warth
Mariana Warth

Coordenação editorial
Silvia Rebello

Preparação de originais
Eneida Duarte

Produção editorial
Rafaella Lemos

Revisão
Juliana Latini

Projeto gráfico de miolo
e diagramação
Aron Balmas

Capa
Ilustrarte Design
e Produção Editorial

(Este livro segue as novas regras do Acordo Ortográfico da Língua Portuguesa.)

Todos os direitos reservados à Pallas Editora e Distribuidora Ltda.
É vetada a reprodução por qualquer meio mecânico, eletrônico, xerográfico etc., sem a permissão por escrito da editora, de parte ou totalidade do material escrito.

CIP-BRASIL. CATALOGAÇÃO-NA-FONTE
SINDICATO NACIONAL DOS EDITORES DE LIVROS, RJ

B218o	Barcellos, Mario Cesar, 1953-. Os orixás e a personalidade humana / Mario Cesar Barcellos. – 5ª ed. – Rio de Janeiro: Pallas, 2010. ISBN 978-85-347-0284-3 1. Orixás. 2. Personalidade. I. Título
96-1124	CDD 299.67 CDU 299.8

Pallas Editora e Distribuidora Ltda.
Rua Frederico de Albuquerque, 56 – Higienópolis
cep 21050-840 – Rio de Janeiro – RJ
Tel./fax: 21 2270-0186
www.pallaseditora.com.br
pallas@pallaseditora.com.br

Sumário

Introdução, 9
Influência dos orixás regentes sobre as pessoas, 13
Os orixás regentes e o relacionamento entre seus filhos, 71
Os orixás e a saúde dos seus filhos, 95
Axés e contra-axés, 105
Banhos, defumações e oferendas, 113
Conclusão, 133
Bibliografia, 137
Histórico: o autor e o culto, 139

Agradecimentos

Aos meus amigos, que acreditaram a todo momento na minha capacidade;
Aos meus irmãos de santo, sempre irmãos;
Aos meus filhos de santo, amigos leais e fiéis;
Àqueles que me prejudicaram, mas me deixaram um ensinamento de vida;
À minha esposa, Deusa, que foi sempre minha companheira nos momentos mais difíceis e a maior incentivadora dos meus projetos;
Aos meus filhos carnais, Barcelinhos e Max, meus torcedores mais fanáticos;
Aos meus grandes exus, pela coragem que me passaram;
Ao meu preto-velho, Pai Cristiano do Cruzeiro, pelos conselhos e pela presença sempre constantes;
Aos caboclos Camoati e Rio Negro, pela grande força;
Ao erê Fogo Azul, pela alegria;
Aos orixás Oxum, Obaluaê, Iansã e Ogum, que formaram o meu eledá e sempre me deram luz e harmonia;
Ao meu amadíssimo Pai, Oxosse Ibualama, meu regente, meu orixá, meu guia, meu amigo, pela sua proteção e influência;
Aos africanos que, com seu sacrifício durante a escravidão, me permitiram conhecer este culto maravilhoso, meus respeitos;
A Olorum, Todo Poderoso, que me criou e me permitiu pensar e criar.

Este trabalho foi idealizado e elaborado a partir de dois pontos fundamentais: o meu grande amor pela cultura afro-brasileira e seus mistérios, e o incentivo dos meus amigos.

A Oxosse, mojuba babá mi.
Ki ibá mi xé.

Introdução

Quem somos? Como somos? De que forma é traçada nossa personalidade? Como são talhados nosso caráter, nossa índole? Quais são os elementos que formam esta nossa complicada, intrigante e controvertida maneira de ser? Alguns pesquisadores do passado, como Cezar Lombroso, foram (ou diziam ser) capazes de distinguir a índole criminosa de um indivíduo a partir do estudo detalhado do crânio. Sigmund Freud, pai da Psicanálise, desvendou vários mistérios sobre o "lado escuro" do comportamento através da Psicologia.

De alguma forma, esses estudiosos contribuíram para o estudo da psiquê e nos legaram um rico e farto material de estudo, além de teorias e conclusões definitivas, desvendando mistérios, abrindo portas e deixando um pouco (apenas um pouco) mais clara a forma de proceder do chamado *Homo sapiens*.

Nos cultos afro-brasileiros vamos, definitivamente, encontrar todas as respostas. Não baseadas nos estudos lombrosianos ou freudianos, nem penetrando indevidamente na ciência psicológica, mas única e exclusivamente na natureza livre. Ou seja, na regência que cada força da natureza exerce sobre nós.

Não podemos esquecer que a influência direta das forças da natureza sobre todos os seres humanos é baseada em dois pontos: orixás e odus. Neste trabalho, vamos nos ater somente aos orixás. Veremos como se pode entender o modo pelo qual a natureza talha, molda e especifica, claramente, nosso comportamento, a partir do momento em que se conhece a regência do indivíduo ou, se se preferir o termo, o orixá de cabeça da pessoa.

Se desde cedo se conhece a regência de um indivíduo, é possível fazer uma previsão de como será o temperamento deste, através do estudo daquilo que chamamos eledá, que quer dizer a linhagem de orixás a que a pessoa pertence. Para que fique mais claro, é bom lembrar que o eledá é composto, basicamente, de cinco orixás, sendo os quatro primeiros chamados "de cabeça" e o último, "de carrego". Proporcionalmente, a influência do eledá em cada pessoa é variada, mas, segundo estudos realizados, pode-se chegar à conclusão de que a composição básica dessa influência, em cada um de nós, é assim dividida:

50% do dono da coroa (o orixá de cabeça);
25% do ajuntó (o segundo orixá);
15% do eketá (o terceiro orixá);
7% do ekerim (o quarto orixá);
3% do orixá de carrego.

Claro que estes números não são fixos ou definitivos, mas aproximados, variando de pessoa para pessoa e — por que não dizer — de orixá para orixá.

Ao longo dos meus mais de vinte anos de santo feito (ou seja, de iniciação no candomblé) e dez de pesquisa sobre o assunto, sinto-me à vontade para dizer que praticamente não existe exceção a uma outra regra. Segundo esta, os orixás, que são forças da natureza, nos emprestam, por assim dizer, suas características, e as variações destas características são observadas de acordo com a qualidade (tipo, origem, fundamento) de cada santo.

Quando o babalorixá (pai de santo) ou a ialorixá (mãe de santo) começa a pesquisar o eledá do indivíduo, depara-se com uma particularidade de fundamental importância, que é a qualidade de cada orixá, aquilo que dá o toque peculiar a cada ser, a cada personalidade. E o que vem a ser qualidade? Qualidade é o encontro de forças da natureza, uma se fundamentando com a outra, nas mais variadas combinações. Explicando melhor, podemos ver que existem os orixás Exu, Ogum, Oxosse, Ossãe, Oxumarê, Obaluaê/Omolu, Xangô, Iansã, Logunedé, Oxum, Euá, Obá, Iemanjá, Nanã, Tempo, Vungi e Oxalá, que são os mais conhecidos e cultuados no Brasil. Exemplifico, como qualidades, Ogum Xoroquê (Ogum com fundamento com Exu), Ogum Já (Ogum com fundamento com Oxalá), Xangô Airá (Xangô com fundamento com Oxalá), Iyá Ogunté (Iemanjá com fundamento com Ogum) e Oxum Apará (Oxum com fundamento com Iansã) entre muitas outras.

E é justamente com base nas características destas forças da natureza e suas qualidades, e pelo estudo profundo delas, que se pode chegar ao âmago da personalidade de cada um. Em minha casa de santo (Palácio Azul de Ibualama — Ilê Axé Kitalamim) atendo, há anos, um sem-número de pessoas para o jogo de búzios. É desta forma que se conhece o eledá de cada pessoa. Daí minha confirmação de que não existe exceção à regra. Cada um age de acordo com a sua regência.

Influência dos orixás regentes sobre as pessoas

EXU

Na língua iorubá, Exu significa "esfera". É o princípio natural de tudo; é o início, o ponto de partida, o nascimento, a força de criação. É o equilíbrio negativo do Universo, sem haver, neste caso, a conotação de maldade. Exu é o primeiro passo, a célula inicial de geração da vida. É o "ser", aquele que gera o infinito, o primogênito. É o senhor dos caminhos, das ruas, aquele que dá passagem. Os homens regidos por Exu são sempre altos, de bom porte físico e de olhar marcante. As mulheres são de belo corpo, estatura média e olhar muito marcante.

Elementos
Fogo (mas Terra e Ar também são elementos de Exu).

Precauções que seus filhos devem tomar
Devem sempre se afastar de brigas, tóxicos, bebidas, maus elementos e, também, do mar, que exerce uma atração negativa sobre os filhos de Exu.

Cores
Preto, vermelho e branco (fundamentalmente).

Metais
   Prata e ouro.

Pedras preciosas
   Ônix e rubi.

Profissões
   Militar, diplomacia, jornalismo, vendas, comércio.

Psiquê dos filhos de Exu
   Ao contrário do que se pensa, Exu é um orixá. Evidentemente, não estamos falando de sua falange, a cujos membros chamamos de Exu Mangueira, Exu Caveira e Exu Mirim, entre outros. Estamos aqui nos referindo à força da natureza, ao orixá Exu. Aqueles que são regidos por Exu apresentam uma personalidade muito marcante e um comportamento cotidiano muito diverso do comum. Severas em tudo e por tudo, são pessoas exigentes ao extremo e perfeccionistas.

Lado positivo
   Os regidos por Exu são pessoas altamente fiéis aos seus princípios, aos amigos, às suas causas. São de extrema coragem e dedicação a tudo que se entregam. Amáveis de um modo geral, não se preocupam com o tamanho do sacrifício para atender às pessoas que amam. E amam de fato, com uma paixão quase cega, sem ver limites ou obstáculos. Excelentes amantes, são os mais fantasiosos e entusiastas do sexo. Se a virilidade é uma característica básica de Exu, é também daqueles regidos por este orixá. São capazes de amar profundamente, até mais de uma pessoa, mas atendendo a todas igualmente e com o mesmo ardor, com a mesma paixão e o mesmo afeto. Os regidos por Exu são comerciantes hábeis e espertos, capazes de fechar os negócios mais impossíveis e de desfazer outros da mesma maneira, graças à sua capacidade de convencer

as pessoas. Profissionalmente, sempre chegam ao seu objetivo, pois não existe filho de Exu que não se empenhe até a raiz dos cabelos para conseguir seu intento. São fortes, capazes, românticos, felizes, participativos, francos, espertos, inquietos, saudáveis, sinceros, astutos, atentos, rápidos, despachados, praticamente invencíveis, ardorosos e sagazes.

Lado negativo
Se os filhos de Exu, por um lado, são amigos fiéis, por outro, são os mais implacáveis inimigos de que se tem notícia. Dominadores, ele vão chegar à última instância para ter aquilo que desejam. Eles são impulsionados pelo capricho, pela mais extrema vaidade e pelo desejo de possuir. São confiáveis, porém muito perigosos. São pessoas que dão apenas um mugido para entrar numa briga, mas que dão boiadas para dela não sair. Brigões por natureza, os filhos de Exu são exímios lutadores e de uma disposição fora do comum. Mentem para salvaguardar seus segredos. Fazem tudo de graça, mas intimamente sempre esperam ser bem recompensados pelo trabalho. Apesar do estilo simples, gostam de ostentar e conquistar espaços que não lhes pertencem. Não são vagos. São objetivos, mas têm sempre um grande plano, uma peripécia pronta para ser executada. Gozadores e galhofeiros, os filhos de Exu são donos das melhores ideias, mas a maioria delas com o objetivo de "aprontar" com alguém. São grosseiramente amáveis, mas estupidamente grosseiros quando irados. São sonsos, debochados, intrigantes, misteriosos, gozadores, enganadores, ladinos, brincalhões, severos, exigentes e de sorriso aberto.

OGUM

Em iorubá, esse nome significa luta, guerra. Ogum é a divindade da metalurgia, do aço, dos grandes caminhos. Orixá de grande força e poder, da manutenção da vida, de força dominadora e incontrolável, Ogum é o senhor das guerras, dono das armas, senhor dos exércitos, da força do sangue que corre nas veias. Os homens regidos por ele são geralmente esguios, atléticos e espadaúdos. As mulheres são do tipo forte, de tamanho variável.

Elementos
Terra (o Ar e a Água também são elementos de Ogum).

Precauções que seus filhos devem tomar
Os filhos de Ogum devem ficar longe de bebidas, conflitos e intrigas. Devem tomar cuidado com acidentes, a que são muito propensos.

Cores
Azul-marinho, vermelho, branco e verde.

Pedra preciosa
Opala.

Metais
Aço, metal ferroso.

Profissões
Militar, diplomacia, advocacia, administração.

Psiquê dos filhos de Ogum
Pelas próprias características deste orixá, vemos que seus filhos são sempre pessoas valentes e destemidas, em busca de novos objetivos, novos caminhos. São pessoas perspicazes, objetivas, corajosas. Entretanto, as qualidades do orixá apontam diferenças, que veremos a seguir. Outras inúmeras qualidades existem, mas, no

cômputo geral, aqui foram colocados tipos de Oguns que representam os elementos Terra, Água e Ar, o que dá uma visão ampla das características dos filhos deste orixá.

Ogum Xoroquê

É metade Ogum, metade Exu. Na umbanda, é conhecido como Ogum Megê, Ogum Sete Estradas e Ogum Sete Espadas.

Lado positivo
Os regidos por este orixá são de uma bravura sem igual. Dedicados e corajosos, geralmente são pessoas que se empenham para chegar a seus objetivos. Têm muito a ver com Exu e praticamente carregam quase todas as virtudes daquele. Para entender melhor o lado positivo dos regidos por Xoroquê, leia a descrição do lado positivo de Exu.

Lado negativo
Vorazes, gananciosos e abusados, os filhos de Ogum Xoroquê não têm pena de cortar o pescoço dos seus inimigos. Não perdoam falhas, nem as suas próprias, chegando ao cúmulo de se autoflagelar por um engano ou erro cometido. São sábios para enredar e criar polêmicas; são confusos muitas vezes, mas agem às claras. Atacam sempre pela frente, numa avançada única e de resultado sempre positivo (para eles próprios). Daí o autocastigo quando falham. São rudes e extremamente exigentes, e seu ponto preferido para o ataque é o coração. Impiedosos e malvados, não se curvam diante de ninguém. Ostentam uma aparência de grande poder e grandeza, mesmo que na verdade não os tenham.

Ogum Já

É um Ogum com fundamento com Oxalá. Na umbanda, é Ogum Matinada.

Lado positivo
Dóceis, calmos, seguros e confiantes, os regidos por este tipo de Ogum são grandes negociantes. Amantes fiéis e dedicados à família, são também verdadeiros guardiões de seu próprio patrimônio. Geralmente bonitos, talentosos e inteligentes, os filhos de Ogum Já são grandes amigos e possuidores de autocontrole. São pessoas de decisões rápidas e seguras, e também são donas de um sentimentalismo exagerado.

Lado negativo
Os regidos por Ogum Já têm, invariavelmente, um péssimo defeito: usam da falsidade como tática de guerra. Atacam sempre pela retaguarda do adversário, não dando chances de defesa e tirando todo o proveito do elemento surpresa. São rápidos no pensamento e gostam de ver o inimigo morrer lentamente, o que dá um aspecto impiedoso ao seu caráter.

Ogum Oares

Tem fundamento com Oxum, Logunedé e Oxalá. Na umbanda, é Ogum Beira Mar, Ogum Sete Ondas e Ogum Iara.

Lado positivo
É um tipo de Ogum mais calmo. Os regidos por ele são mais dóceis, mais lentos, mais emocionais, pois estão ligados à regência da Água através de Oxum e Logunedé. Oxalá dá sua contribuição com o elemento Ar. Daí os filhos de Ogum Oares serem mais

emotivos, carinhosos e atenciosos. São excelentes generais, pois estudam profundamente as estratégias. Amantes singelos, procuram sempre uma forma de agradar.

Lado negativo
Os filhos de Ogum Oares usam táticas interessantes para chegar aos objetivos. Choram de forma mentirosa para enganar o inimigo. Usam de falsidade e intrigas, e são mestres na arte de ludibriar. Atacam sempre pelos flancos e são sádicos e temperamentais.

Ogum Aiaká

É ligado a Oxalá e Iemanjá. Na umbanda é Ogum Naruê e Ogum Rompe Mato.

Lado positivo
É um Ogum corajoso acima de tudo, honesto, objetivo, do tipo monarca, de muita sorte e senso de justiça, nobre e valente. Os filhos deste tipo de Ogum se esforçam para ser perfeitos em tudo o que fazem. São hábeis e inteligentes, e normalmente são de muito fácil compreensão. São capazes de dar tudo de si quando amam, pois são amantes constantes e dedicados.

Lado negativo
São extremamente sanguinários, impiedosos e altamente perigosos quando estão irados. Atacam por todos os lados e exterminam o inimigo. Não são falsos, mas semeiam a discórdia, a intriga; depois saem de perto e, quando voltam, o fazem para exterminar e reinar. São egoístas e nervosos; querem tudo rápido e bem feito. Exigentes, são capazes de destruir algo que lhes incomoda e não têm pena de ninguém, nem de si próprios.

OXOSSE

O nome Oxosse praticamente vem de uma flexão da palavra *Oxowusi*, da lenda africana do caçador de uma flecha só, que conseguiu abater o pássaro gigante que ameaçava uma cidade e que fora mandado pelas feiticeiras Yami Oxorongás. Oxosse é a divindade das lavouras e da arte de um modo geral. Divindade da fartura, dos excessos e da míngua (quando em seu lado negativo), é também o orixá da liberdade de expressão. É aquele que caça o axé, é o deus da caça.

Elemento
Terra.

Precauções que seus filhos devem tomar
Devem tomar cuidado com fogo, alturas, acidentes domésticos, matas fechadas e rios.

Cores
Azul-claro, branco, verde e vermelho.

Metal
Platina.

Pedra preciosa
Topázio.

Profissões
Arte (em geral), jornalismo, publicidade, advocacia, geologia e veterinária.

Psiquê dos filhos de Oxosse
São pessoas que nasceram para a liberdade. São inteligentes, meigas, exigentes, cultas, acomodadas, sensíveis. Os regidos por Oxosse têm um quê de artista em tudo aquilo que fazem e são amantes da fartura e do exagero. Assim como Ogum, existem várias dezenas de qualidades de Oxosse. Nas citadas adiante, encontram-se os elementos fundamentais, o que dá aos filhos deste orixá (nas outras qualidades não citadas) as características e formas de comportamento explicadas.

Ibualama

Tem fundamento com Obaluaê.

Lado positivo
São extremamente exigentes e severos, mas donos de um coração muito mole. São altamente artísticos e inteligentes. Os filhos de Ibualama são dominadores, líderes natos, compreensivos, calmos, coerentes e excelentes alunos. São amantes perfeitos, pois, para eles, o sexo é a sua maior arte. Donos de incrível sensibilidade, os regidos por Ibualama são superdotados e amigos fiéis. Incapazes de trair, são pessoas de qualidade profissional muito elevada e sempre propensos a cargos de chefia. Sofrem, porém, devido ao fundamento com Obaluaê, de dores diversas, mas fazem disso uma piada. São geralmente fortes, capazes, amigos e intuitivos.

Lado negativo
Extremamente ciumentos e às vezes inseguros, são capazes de sair da própria consciência quando lhes despertam ciúmes. São medrosos, egoístas e vaidosos, a ponto de acharem que são melhores em tudo. Chegados aos narcisismo, os filhos deste tipo de Oxosse

querem sempre chegar primeiro e falar mais alto. São misteriosos, comodistas, feiticeiros e, de certa forma, avarentos, mas gastam muito naquilo que lhes convém. São dominadores e também muito rancorosos, capazes de guardar ódio por longos e longos anos. Perdoam, mas jamais esquecem.

Aquerã

Tem fundamento com Ogum.

Lado positivo

Calmos e participativos, os regidos por Aquerã são decentes e trabalhadores. Comem bem e de tudo. Engordam facilmente. Amantes simples, mas convincentes. Gostam de cantar e escrever, e são muito politizados. Os filhos de Aquerã são dóceis, mas, quando nervosos, são perigosos. Sua ligação com Ogum faz dos filhos deste orixá indivíduos muito valentes e interessados, que vencem pelo trabalho. Quando cismam com algo, só descansam quando chegam ao objetivo final.

Lado negativo

Têm um toque marcante de falsidade no olhar. Trabalham, mas são avarentos e egoístas. Participam, mas querem sempre recompensas. Não fazem nada de graça. Administram bem, mas escondem uma grande carga negativa em si próprios. Os regidos por Aquerã têm um temperamento bastante variável, pois mudam repentinamente da água para o vinho. Normalmente estão calmos, mas é um tipo de calma apenas aparente. Queimam com o olhar, que é a sua grande arma.

Danadana

Tem fundamento com Oxumarê.

Lado positivo
O trabalho é a base dos regidos por Danadana. São grandes pesquisadores. Fazem pesquisas e testes com tudo na vida. São do tipo livre. Vasculham tudo e tudo querem saber, tanto no trabalho como no amor, no culto e até mesmo na área da saúde. Normalmente são pessoas de boa situação financeira, talvez em virtude do fundamento com Oxumarê, senhor do dinheiro. Amantes discretos, mas insaciáveis. Profissionais ultracompetentes e capazes, são grandes organizadores e excelentes oradores.

Lado negativo
Os regidos por Danadana têm seu lado de cobra. Espreitam o inimigo e o atacam sem aviso. São, às vezes, um pouco mesquinhos. A falsidade e a interpretação conveniente das coisas são armas constantes de sobrevivência; são capazes de envenenar para subir na vida. Os regidos por este tipo de Oxosse são bastante ciumentos e até mesmo mentirosos. Quando estão com raiva, são extremamente perigosos.

Mutalambô

Tem fundamento com Exu.

Lado positivo
Tem as mesmas características positivas de Ogum Xoroquê, com um toque todo especial de amor à arte. Seus filhos são sinceros, livres por natureza, alegres, prestativos, apaixonados e amantes extremamente fervorosos. São trabalhadores, mas não dispensam

uma boa remuneração pelo trabalho feito e um longo descanso. São fortes e valentes; audaciosos e exigentes; implacáveis e corretos. Os regidos por este tipo de orixá são muito ordeiros e excelentes lavradores e jardineiros.

Lado negativo

Cruéis, egoístas, mentirosos, trapaceiros, impiedosos, os regidos por Mutalambô não pensam quando estão tomados pelo ódio. Aborrecem-se facilmente e por qualquer motivo. Os filhos deste orixá são pessoas perigosas, pois, se for necessário, são capazes até mesmo de matar para manter sua tranquilidade e sua harmonia. São dos poucos tipos de Oxosse que pensam mais com o corpo e menos com a cabeça.

Gongobila

Tem fundamento com Oxalá e Oxum.

Lado positivo

Por ser um Oxosse jovem, seus filhos terão um temperamento infantil, brincalhão, participante, alegre. Os regidos por Gongobila têm outro aspecto importante: pelo fundamento com Oxalá (elemento Ar) e Oxum (elemento Água), são dotados de grande capacidade inventiva. São emotivos, dóceis, singelos. Amantes irresponsáveis, amam a natureza acima de tudo. Bem mandados, podem ser grandes amigos e colaboradores, e estão sempre pronto para tudo. Pela sua jovialidade, acabam se parecendo com Logunedé, que está sempre feliz e sempre muito bonito.

Lado negativo

Alcoviteiros, mentirosos, fofoqueiros, preguiçosos, sonsos, descansados: este é o lado negativo dos filhos de Gongobila. São mestres na arte de mentir, mas deixam rastros bem visíveis de suas histórias mirabolantes. São perigosos, mas nem tanto. Gostam de usufruir da fartura alheia, pois nunca se preocupam com sua própria subsistência. Os regidos por Gongobila têm o hábito de se esconder, ou melhor, de sumir da vida dos amigos, da família, e de aparecer tempos depois, para fazer com que sintam falta dele. Coisa de criança...

OSSÃE

Orixá das *ewés*, ou seja, das folhas. Divindade da Medicina, da cura pela Medicina, senhor do conhecimento místico, que nos permite obter o axé através das ervas que têm a sua regência.

Elemento
Terra.

Precauções que seus filhos devem tomar
Devem tomar sempre muito cuidado com o mar, lugares altos, eletricidade e multidões. Há também o perigo de doenças mentais.

Cores
Verde, branco, amarelo e roxo.

Metal
Cobre.

Pedra preciosa
Esmeralda.

Profissões
Medicina, veterinária, farmácia, astronomia, física, química, geologia, biologia.

Psiquê dos filhos de Ossãe
Os regidos por este orixá são dotados ou, até mesmo, superdotados de poderes paranormais. São extremamente sensíveis e portadores de grande mediunidade. As qualidades conhecidas de Ossãe não se fundamentam com muitos orixás, dando, por isso, uma unidade, uma maneira relativamente uniforme de comportamento aos seus filhos.

Lado positivo
Reservados, estudiosos, sinceros, obedientes, os regidos por Ossãe são pessoas introspectivas e, ao mesmo tempo, alegres. São cientistas de mão cheia e capazes de desvendar qualquer mistério. Corajosos, são indivíduos que se entregam à pesquisa, à arte de curar. Como amantes, são de veneta: às vezes são impossíveis, insaciáveis; às vezes entregam-se por longo tempo à abstinência sexual. São profissionais altamente competentes e responsáveis com o seu trabalho, seja ele qual for. Não suportam brigar, mas, quando irados, são péssimos adversários. Os filhos de Ossãe são dados ao estudo humano. Sua tendência é sempre conhecer muito bem aqueles que os cercam, pois são grandes observadores, e nada, absolutamente nada, lhes escapa aos olhos. Donos de um grande poder de persuasão, os filhos deste orixá são sensitivos, têm premonições e não confiam em nada e em ninguém, forma que encontraram para salvaguardar seus inúmeros segredos, pois aqueles regidos por Ossãe são extremamente misteriosos.

Lado negativo
São feiticeiros. Verdadeiros bruxos, dados à criação de poções mágicas para fazer sumir, fazer aparecer, e pós mágicos para fazer toda espécie de coisas. Os regidos por Ossãe são extremistas, capazes de acabar com a própria vida por amor. São traiçoeiros,

enganadores, articuladores, misteriosos e capazes de qualquer maldade para ter aquilo que querem. São vingativos e às vezes covardes, pois trazem o inimigo para o seu hábitat, para depois, então, destruí-lo. Deve-se lidar com os filhos de Ossãe com muito cuidado, pois eles "secam" as pessoas com a maior facilidade. Sua força está concentrada no olhar.

OXUMARÊ

Em iorubá, esse nome quer dizer arco-íris. Esta divindade representa o arco-íris, a cobra sagrada Dã. É o senhor do dinheiro, da fortuna, da fartura de um modo geral. É o orixá que proporciona a abundância, a fertilidade, a riqueza.

Elemento
Terra.

Precauções que seus filhos devem tomar
Devem tomar cuidado com eletricidade, raios e chuvas fortes.

Cores
Amarelo, verde, preto.

Metais
Prata e cobre.

Pedra preciosa
Ametista.

Profissões
Viagens, veterinária, pedagogia, jornalismo.

Psiquê dos filhos de Oxumarê
Divididos entre as famílias de Dã, Bessém e Angorô, os regidos por este orixá são dotados de incrível capacidade de adaptação a qualquer tipo de situação. Despachados, astutos, inteligentes e observadores, os filhos de Oxumarê estão em constante movimento e não se deixam prender por nada, a não ser por aquilo que realmente lhes interessa. São estudiosos e difíceis de se entender, e seu círculo de amizades, se aparentemente é grande, no íntimo é bem pequeno e seleto.

Dã

Lado positivo

Meigos e sensíveis, os regidos por esta qualidade de Oxumarê são dados à pesquisa, ao estudo, e são aqueles que aprendem mais depressa, face ao seu poder de entendimento das coisas. Atenciosos e sensatos, conseguem, com incrível facilidade, desenvolver qualquer tipo de trabalho, principalmente aqueles voltados à pesquisa. São realistas e rápidos no raciocínio, e são mais apaixonados pelo seu próprio trabalho do que por qualquer outra coisa. São amantes esporádicos, pois aparentemente conseguem viver um longo tempo sem sexo, mas, quando estão dispostos, levam a sério.

Lado negativo

Dã é simbolizado por uma cobra. Assim são também aqueles regidos por ele. Perigosos, traiçoeiros e altamente rancorosos, normalmente são bastante ciumentos e egoístas, e exigem muito dos outros. Se estão de bem com alguém, são amigos, mas se de alguma forma são contrariados, tornam-se amargos e antipáticos, chegando mesmo a serem ríspidos e desagradáveis. Têm tendência suicida.

Bessém

Lado positivo
Alegres, de bem com a vida e otimistas, os filhos de Bessém, normalmente, estão bem de vida, pois Oxumarê é o senhor do dinheiro, e seus filhos, geralmente, são abastados. Mão aberta, carinhosos e envolventes, os filhos de Bessém são prestativos e têm forte instinto de cooperação. Também são amantes esporádicos. Profissionalmente muito capazes, dão muita sorte no emprego e sempre ocupam lugares de destaque na sociedade.

Lado negativo
Semelhante ao que foi descrito no lado negativo de Dã.

Angorô

Lado positivo
Quem conhece um indivíduo regido por Angorô (e os de sua família) fica apaixonado, tal a sua vivacidade, alegria, simpatia, bom astral. Os filhos de Angorô não são subservientes, pois acreditam na sua capacidade, acima de tudo. Corajosos e trabalhadores, possuem verdadeira indiferença pelo dinheiro, que entra e sai a todo momento. Podem ter qualquer tipo de problema, menos financeiro. Gozadores e anarquistas, os regidos por Angorô têm boa conversa e risada farta. Amantes dóceis, amam sempre às escondidas, preferindo deixar em segredo o nome do seu bem-amado.

Lado negativo
Dos Oxumarês, este talvez seja o mais perigoso. É altamente rancoroso e vingativo. Seus filhos mentem com facilidade e não costumam assumir seus erros. São do tipo que "mina" o terreno dos

outros. Armam as maiores encrencas e saem de perto. Inconstantes, volúveis e, de certa forma, desleixados, são também perigosos quando lidam com feitiços.

OBALUAÊ/OMOLU

Em iorubá, Obaluaê quer dizer "rei, senhor da Terra" e Omolu, "filho e senhor". É uma das mais importantes divindades do culto afro, pois está ligado à saúde. É o orixá que gera o bom funcionamento do organismo, o deus das pestes e das moléstias, que tem seu rosto coberto pelo filá, feito com palha-da-costa, pois ao humano é proibido ver seu rosto.

Elemento
Terra.

Precauções que seus filhos devem tomar
Devem tomar cuidado com doenças transmissíveis, intoxicações, fogo e mar.

Cores
Amarelo, vermelho, preto e branco.

Metal
Estanho.

Pedras preciosas
Ônix e topázio.

Profissões
Antropologia, geologia, museologia, medicina, química, veterinária e arqueologia.

Psiquê dos filhos de Obaluaê/Omolu
Introspectivos, pensativos, reservados, observadores, pesquisadores, modestos, simples e misteriosos. Assim são aqueles regidos por este orixá. Normalmente são pessoas que falam pouco e que têm poucos e sinceros amigos. Lentos e calmos, estudiosos e bruxos, alquimistas e eremitas.

Omolu Intoto

Tem fundamento com Lebara e Oxumarê.

Lado positivo
Extremamente pensativos e prestativos, os regidos por Intoto são pessoas sinceras, honestas, amigas e fiéis. São também apaixonadas e estão sempre vivendo um grande amor, normalmente frustrado. São amantes constantes e excelentes parceiros. Trabalham com afinco, mas não fazem estardalhaço, pois são bastante reservados. Sua ligação com a terra faz dos filhos de Intoto pessoas muito chegadas ao plantio e à jardinagem. São de caráter forte, mas fisicamente frágeis, pois sua saúde está sempre debilitada. Os de Intoto têm muita sorte no jogo.

Lado negativo
Medrosos e indecisos, nervosos e apreensivos, os filhos desta qualidade de Omolu têm uma forte tendência ao suicídio, devido a acreditarem que a vida está sempre contra eles. São fatalistas, dramáticos e exagerados. "Secam" as pessoas com apenas um olhar.

Omolu Ajunsum

Tem fundamento com Oxalá e Ogum.

Lado positivo
É talvez a qualidade mais extrovertida de Omolu. Seus filhos são alegres, gozadores e brincalhões. Amigos sinceros, apesar de inconstantes. Amantes fervorosos e entusiasmados. São atirados e até mesmo desinibidos. Sua ligação com Ogum faz dos regidos por este orixá indivíduos muito corajosos e decididos. São bons no feitiço, mas quase não usam este artifício.

Lado negativo
Dos defeitos dos filhos de Ajunsum, o que se destaca mais é a irresponsabilidade. Esquecidos, não são, por este motivo, de cumprir promessas. São muito chegados a fofocas e disse me disses, e não dispensam uma crítica, mesmo que não tenha o menor fundamento. Também são muito volúveis.

Omolu Sakpatá

Lado positivo
São sábios, sóbrios, equilibrados, sérios, estudiosos, sinceros, líderes natos. Amigos fiéis e grandes conselheiros. Amantes dedicados e excelentes chefes de família. Profissionais dedicados, audazes, decididos e falantes, para os regidos por Sakpatá não existe nada que não possam realizar.

Lado negativo
Rabugentos, ranzinzas, reclamões, os filhos de Sakpatá são do tipo nervoso e ansioso. Não são de fofocas, mas normalmente acusam

sem saber a verdade. Também são vingativos, traiçoeiros e guardam o ódio por muitos e muitos anos. Jamais esquecem.

Obaluaê Jagum

Tem fundamento com Lebara, Ogum e Oxaguiã.

Lado positivo
Esse é o Obaluaê quente! Seus filhos são altamente dedicados ao trabalho e ao culto. Sua ligação com Lebara, Ogum e Oxaguiã faz dos filhos de Jagum verdadeiros guerreiros, decididos e poderosos. São grandes amantes e não se deixam dominar. Amigos inconstantes, pais e mães severos, mas carinhosos. Nunca deixam para amanhã aquilo que podem fazer hoje.

Lado negativo
Adoram falar da vida alheia. Sentem prazer em criar polêmica. Não são bem ajustados, pois têm muitos inimigos. São de falar muito e sem necessidade. Os regidos por Jagum são feiticeiros impiedosos e "queimam" os seus inimigos com muita facilidade.

Xapanã

Tem fundamento com Nanã, Oxalá e Oxosse.

Lado positivo
Gostam de trabalhar e procuram ter mais de uma ocupação. São grandes chefes de família e grandes companheiros de trabalho, dedicados, inteligentes e reservados. Costumam guardar bem guardados seus mistérios e segredos, e sempre ajudam seus semelhantes naquilo que podem. Amantes esporádicos, são mais apaixonados pelo trabalho, e no culto são ainda mais dedicados.

Lado negativo
  Semeiam discórdia quando a situação não é de seu agrado. Tem-se notado, também, que os regidos por Xapanã são indiferentes e gostam de uma pequena fofoca. São também grandes feiticeiros e não perdoam seus inimigos. Geralmente dormem muito, mas estão sempre atentos a tudo que acontece, e também atentos para lançar seu veneno.

Azoani

Tem fundamento com Oxosse.

Lado positivo
  Calmos, sinceros e amigos, os filhos de Obaluaê Azoani são muito ligados ao culto e aos seus mistérios. Alquimistas e pesquisadores, trocam tudo pelo mistério do desconhecido. São corajosos, reservados e introvertidos. Só se sentem bem quando estão ligados a algo que os fascina. São amantes irregulares, mas, quando dispostos, são viris.

Lado negativo
  Altamente hipocondríacos, vivem reclamando de dores e doenças, e têm mania de tomar remédio. Reclamam de tudo e de todos. Vingativos até o último fio de cabelo, são inimigos implacáveis, chegando até a pegar os adversários com covardia.

Obaluaê Akerejebe

Tem fundamento com Oxumarê.

Lado positivo
  As pessoas regidas por Akerejebe são estudiosas, pesquisadoras, calmas, reservadas, e estão sempre com um sorriso nos lábios.

Têm uma tendência a viajar muito, conhecer lugares e pessoas, e estão sempre à procura de novos saberes. São misteriosas, mas gostam de desvendar mistérios. Amantes discretos, não se ligam à família, pois gostam de viver sozinhos.

Lado negativo
Como Azoani, os filhos de Akerejebe têm mania de remédio, pois estão sempre doentes. São exagerados em tudo, prevenidos contra tudo e contra todos. Não costumam ser boa companhia, pois reclamam demais, pelo fato de acharem que nada está bom para eles. São egoístas, pensam primeiro em si próprios e não ligam para nada, a não ser para o seu próprio prazer. Chegam a ser desleixados e relaxados.

XANGÔ

É o rei mítico da cidade de Oyó, na Nigéria, e deus da justiça, senhor das pedreiras, deus do trovão. Orixá de grande sabedoria, que gera o poder da política, Xangô é o principal tronco dos candomblés do Brasil e um dos orixás mais cultuados e respeitados.

Elemento
Fogo.

Precauções que seus filhos devem tomar
Devem tomar cuidado com eletricidade, mar e montanhas.

Cores
Branco, marrom e vermelho.

Metal
Ouro.

Pedra preciosa
Diamante.

Profissões
Advocacia, jornalismo, política e engenharia.

Psiquê dos filhos de Xangô
São considerados "de sangue azul". Monarcas por natureza, os filhos de Xangô são donos de uma personalidade ultramarcante. Severidade, competência e espírito político são seus principais dotes. São aqueles que se destacam em tudo, pois exercem grande liderança em todos os setores. São temperamentais, autoritários e muito seguros. Todos os filhos de Xangô conseguem ser, ao mesmo tempo, introvertidos e extrovertidos.

Airá

Tem fundamento com Oxalá.

Lado positivo
Com personalidade forte, fala segura, dons especiais, os regidos por Airá chamam a atenção de todos. São dotados de um grande poder de liderança e de uma inteligência muito marcante. Falantes, de gargalhada farta, são também exímios profissionais. Talhados para liderar sempre! São carinhosos e líderes dentro do culto. Amantes fervorosos e insaciáveis, não perdem uma oportunidade, seja ela qual for. Normalmente os filhos de Airá são grandes políticos e advogados.

Lado negativo
Egocêntricos, egoístas, dramáticos, os regidos por Airá têm também o prazer de trair. Não respeitam nada nem ninguém, pois se acham donos da verdade e senhores do mundo. São extremamen-

te possessivos e, pasmem, altamente inseguros. Como o escorpião, quando se veem acuados, preferem morrer a se entregar, ou então partem para o ataque, impiedosamente. Mentem, criam situações e têm fascínio pelo "proibido". São sempre cruéis e pouco confiáveis. Gastam muito, explodem com facilidade, porém tudo isso é feito para esconder uma enorme insegurança.

Afonjá

Tem fundamento com Iansã.

Lado positivo
Os fihos de Afonjá têm as mesmas características positivas de Airá, com um toque de picardia. São pessoas alegres, mas com grande senso de responsabilidade e astúcia.

Lado negativo
Reclamam demais da vida, apesar de terem sempre a sorte ao seu lado. São intratáveis quando estão de mau humor e se consideram os melhores naquilo que fazem, depreciando o que não foi feito por eles. São tolerantes, mas por pouco tempo. Seu temperamento é rígido e exigente demais. Têm mania de perfeição, mas no que se refere ao trabalho dos outros, pois o seu próprio, mesmo quando malfeito, não pode ser criticado, sob ameaça de represália.

Aganju

Lado positivo
São os maiores e melhores articuladores. Altamente politizados e amadurecidos, os regidos por Aganju estão fadados ao sucesso, pela sua busca incessante da perfeição. Grandes pesquisadores, comandam, com facilidade, grandes exércitos. São guerreiros, de-

dicados ao trabalho e à família. Amantes criativos e inventivos, os filhos de Aganju são também brincalhões, gozadores e muito alegres. Chamam sempre muita atenção pela sua vaidade e amam tudo aquilo que têm.

Lado negativo
São inimigos cruéis, que não perdoam. Atacam por todos os lados e matam sem deixar o inimigo esboçar qualquer reação. São narcisistas e decantam suas vitórias pelos quatro cantos da Terra. Não têm medo de desafios, pois sabem usar suas armas preferidas: o veneno e a mentira.

Ogodô

Lado positivo
São os Xangôs pensativos, introspectivos, observadores, sábios, inteligentes, verdadeiros maestros silenciosos. Não são de muito movimento, mas são objetivos e diretos. Têm o dom da sabedoria e da organização. São claros e amigos; amantes inconstantes, mas dominadores. São os mediadores de contendas.

Lado negativo
Hipocondríacos, do tipo "chato", exigentes, estão sempre achando que está tudo errado e que ninguém faz nada certo, a não ser eles próprios. Os Ogodôs são Xangôs das tormentas, e seus filhos vivem, interiormente, atormentados por problemas que, às vezes, não existem. Sofrem muito por isso e quase sempre morrem achando que nada realizaram. São vingativos e não perdoam uma falta.

Baru

Tem fundamento com Lebara, Oxosse e Oiá.

Lado positivo
Aparentemente é o mais movimentado dos Xangôs. Os regidos por esta qualidade de orixá são ágeis, rápidos, resolvem qualquer problema com a maior ligeireza e eficiência, e são capazes de se dedicar a inúmeros objetivos e resolvê-los, simultaneamente, com a mesma competência. São amantes constantes, ardentes, e geralmente não se prendem a ninguém. São profissionais inconstantes, pois, assim como não se prendem a um amor, não se prendem à profissão. São sinceros, objetivos e perseverantes.

Lado negativo
De todos os Xangôs, o Baru é o mais cruel. Os regidos por ele são pessoas de tendências sádicas. Impiedosos, têm o prazer de fazer sofrer. A maldade está sempre presente no coração dos filhos de Baru, pois são pessoas insensíveis. Os filhos desse Xangô também são mentirosos e extremamente inconvenientes e barulhentos.

Obacossô

Lado positivo
Os regidos por esta qualidade de Xangô são movimentados, astutos, espertos. Falam muito, têm muitos amigos e são prestativos. São amantes meigos, constantes e apaixonados. Obacossô é do tipo engenheiro, que gosta de construir coisas, tanto no campo material como no abstrato e no sentimental. Seus filhos são positivos e sensíveis.

Lado negativo
São os mais chegados à intriga, realmente fofoqueiros. Seu dom alegre, de falar demais, faz com que falem coisas que não deviam ser ditas. Não sabem guardar segredos e não fazem a menor questão de esconder nada de ninguém.

IANSÃ

Oiá é senhora da etnia mondubi. É a divindade que rege os ventos, senhora dos raios, a mulher de Xangô que domina os furacões e ciclones. Iansã é a orixá do fogo, do calor; guerreira e regente das paixões.

Elemento
Fogo.

Precauções que seus filhos devem tomar
Devem tomar cuidado com eletricidade, mar e acidentes domésticos.

Cores
Vermelho, coral, marrom, amarelo, violeta.

Metal
Bronze.

Pedra preciosa
Rubi.

Profissões
Arquitetura, engenharia, jornalismo e política.

Psiquê dos filhos de Iansã
Vaidade, altruísmo, velocidade do pensamento, tagarelice, alegria: os filhos e filhas de Iansã são as pessoas mais animadas e felizes, pois fazem festa com tudo. Têm um forte dom para a magia e uma incrível capacidade de adaptação. Os filhos de Iansã estão sempre apaixonados ou se apaixonam, pois esta orixá é a regente dos sentimentos fortes e audaciosos.

Oiá Igbalé

Tem fundamento com Obaluaê/Omolu. É o mesmo que Oiá Balé.

Lado positivo
São as mais prestativas e trabalhadeiras. Inteiramente dedicadas àquilo de que gostam, pois elas são extremistas: gostam ou desgostam com toda a força do coração. São pouco vaidosas, mas têm sempre uma aparência nobre e cativante. São bem dotadas. Falam sempre muito alto com todos, pois têm uma incrível facilidade para se comunicar. Não são felizes no amor, apesar de terem em suas vidas muitos amores. Os filhos de Igbalé são amantes esporádicos e têm sempre muitos filhos (quando mulheres) ou deixam filhos em vários lugares (quando homens). As pessoas regidas por Igbalé são sensíveis e reservadas, mas, ao mesmo tempo, são falantes e amigas, perseverantes, otimistas, despachadas e carinhosas.

Lado negativo
O fundamento que Oiá Igbalé tem com Omolu acabou por legar à personalidade dos filhos desta qualidade de Iansã um dom para o feitiço. São vingativos, chantagistas, mentirosos e gostam de intrigas. Se estão com raiva (e ficam com raiva facilmente), são capazes de "beber" o sangue do inimigo. Ruminam o nome do inimigo, desejando-lhe todo o mal. Os regidos por Oiá Igbalé são pessoas perigosas, que não perdoam e se aborrecem por qualquer coisa.

Oiá Egum Nitá

Lado positivo
Tem as mesmas características positivas de Oiá Igbalé.

Lado negativo
Os regidos por esta qualidade de Iansã têm quase as mesmas características negativas de Igbalé. Entretanto, possuem uma espécie de psicose por sexo, pois não vivem sem ele. São metódicos, reclamam de tudo e são exigentes, sem dar nada em troca. Os regidos por Oiá Egum Nitá tendem ao suicídio, pois são muito inseguros.

Oiá Leiê

Tem fundamento com Oxosse.

Lado positivo
Equilíbrio, disposição, coerência e sensatez são virtudes marcantes naqueles regidos por Oiá Leiê. Trata-se de pessoas boas, responsáveis, dóceis, boas mães e bons pais; sabem distinguir, com exatidão, o certo do errado, pois são muitos justas. Os regidos por este orixá são também amantes da fartura e da abundância, devido ao seu fundamento com Oxosse, orixá da fartura.

Lado negativo
São pessoas extremamente agitadas e às vezes confusas. Não são muito fáceis de entender, pois fazem questão de tornar sua própria personalidade uma coisa difícil. São inimigas cruéis e implacáveis, mas perdoam com certa facilidade.

Oiá Alustral

Tem fundamento com Oxum.

Lado positivo
Talvez seja a mais calma de todas as Iansãs. É decidida, mas sem abandonar o ar alegre e feliz que caracteriza quase todas as pes-

soas regidas por esta orixá. Estas são meigas, agradáveis, amigas sinceras e também excelentes profissionais. Amantes dóceis e singelas, gostam de cuidar das pessoas e dos animais. São sensíveis e choronas.

Lado negativo

Usam de falsidade, são volúveis, gostam de intrigas, de fofocas. Atrás da sua meiguice esconde-se também um forte veneno, pois os regidos por Oiá Alustral, quando contrariados, vingam-se silenciosamente, mas de forma letal, definitiva, deixando marcas profundas.

Oiá Matamba, Oiá Inhatopé

Lado positivo

Ambas têm características idênticas. São dotadas de alto poder de imaginação e decisão rápida. São inteligentes, audaciosas, alegres, vibrantes, astutas, meigas, francas. As pessoas regidas por estas qualidades de Oiá são categóricas e sempre sabem o que querem. Organizadas e austeras, são amantes insaciáveis e fazem do sexo uma arte que precisa sempre estar presente em suas vidas. Profissionalmente, são dedicadas e sempre ocupam cargos de confiança e chefia. No culto, sempre se destacam.

Lado negativo

Feiticeiras, maldosas, capciosas, amam a intriga e, às vezes, para subir na vida, não medem sacrifícios. São volúveis e fúteis, e não se prendem a ninguém. Sua sorte no amor faz dos regidos por estas Oiás pessoas cruéis com o sexo oposto, a quem nunca perdoam uma falha ou uma injustiça.

Bamburucenda

Tem fundamento com egum (alma ancestral).

Lado positivo
Austeras, organizadas, capazes, trabalhadeiras e francas, as filhas de Bamburucenda são demasiadamente metódicas e gostam de tudo no lugar. Detestam dívidas e são capazes de ficar com fome, mas pagam suas dívidas religiosamente em dia. Como amantes, são discretas, mas muito constantes. Profissionais também discretas, mas altamente competentes. Têm poucos amigos, mas são fiéis a todos eles.

Lado negativo
São pessoas ciumentas, rancorosas, ranzinzas e reclamam de tudo e de todos. Não fazem nada de graça para ninguém. São invejosas e adoram pregar peças às pessoas. Os regidos por Bamburucenda são também hipocondríacos e acham que a vida não lhes sorri nunca.

LOGUNEDÉ

Orixá menino, filho de Oxosse Ibualama e Oxum Ieiê Pondá. Divindade da água doce e do mato baixo, senhor dos rios, deus da beleza e da jovialidade, Logunedé é aquele que gera a beleza física.

Elementos
Terra e Água.

Precauções que seus filhos devem tomar
Devem tomar cuidado com acidentes, mar, fogo e mata fechada.

Cores
Azul-turqueza, amarelo, branco, vermelho, verde e violeta.

Metais
Platina e ouro.

Pedras preciosas
Topázio e brilhante.

Profissões
Jornalismo, arquitetura e arte em geral.

Psiquê dos filhos de Logunedé
Das qualidades conhecidas de Logunedé, pode-se observar que as mudanças no comportamento são quase imperceptíveis, muito embora haja qualidades do orixá fundamentadas com Xangô, outras com Obaluaê e Iansã, e outras com Ogum. Apesar do fundamento com orixás de características tão diferentes, os regidos por Logunedé (e suas qualidades) mantêm um comportamento quase uniforme, com poucas mudanças.

Lado positivo
Joviais, extremamente alegres, confiantes, bonitos, agitados, os filhos de Logunedé são uma mistura das características de Oxosse — que lhes vai dar o toque pessoal de inteligência, inventividade, astúcia e perseverança — com Oxum — que dará o toque de criatividade, trabalho, doçura e responsabilidade (em alguns casos). Os regidos por este orixá são amantes insaciáveis, incontroláveis, sadios, e têm o dom da beleza, da formosura, da conversa fácil e agradável. São profissionais de grande capacidade, mas é preciso que eles estejam a fim de trabalhar e produzir, pois, caso contrário, nada feito. São dados ao deslumbramento, à arte. Sem dúvida, são os senhores da alegria.

Lado negativo
Geralmente são alcoviteiros, mentirosos, teimosos, descansados, matreiros, enganadores, fofoqueiros. Os filhos de Logunedé não são de todo chegados a fazer muita força. Existem épocas (seu período Oxum) em que gostam de trabalhar, e outras (o período Oxosse) em que gostam de viver às custas dos outros. Os regidos por Logunedé são mestres na arte de fugir ao dever, pois a vida para eles é para ser vivida com alegria, sem grandes compromissos. São ladinos e, vez por outra, inconvenientes.

OXUM

Deusa das águas doces, do Rio Oxum, na Nigéria. Senhora da beleza e do ouro, é a orixá que rege a fecundação e que protege o feto, a criança em estado de gestação. É a deusa do amor, da candura, da brisa fresca, da alegria, da fartura e da riqueza.

Elemento
Água.

Precauções que seus filhos devem tomar
Devem tomar cuidado com acidentes domésticos e fogo.

Cores
Amarelo, azul, branco, verde-claro e rosa.

Metal
Ouro.

Pedra preciosa
Brilhante.

Profissões
Odontologia, medicina e veterinária.

Psiquê dos filhos de Oxum
Pensativos, elegantes, charmosos, atenciosos, trabalhadores, feiticeiros, espertos, os filhos de Oxum têm um quê doce no olhar. São pessoas extremamente sensíveis e de choro muito fácil, dóceis, amáveis, carinhosas, sequiosas de amor, justiça e paz interior.

Ieiê Apará

Tem fundamento com Iansã.

Lado positivo
Extremamente justas e amigas, essas pessoas são fortes, decididas, rápidas, sinceras e não fazem o gênero chorão. Sua ligação com Oiá faz dos filhos de Apará pessoas de boa índole e muito trabalhadeiras. Desconfiadas e sérias, as Aparás não são de muita brincadeira. Gostam de tudo muito organizado e nos devidos lugares. Amantes esporádicas, podem se tornar também constantes e fervorosas. Vai da época... Como profissionais, as pessoas regidas por esta qualidade de Oxum são muito sensatas e dedicadas. Quando amam, o fazem com sinceridade e dedicação. Conhecem o feitiço e fazem bom uso dele.

Lado negativo
Quando colocam algo na cabeça, não medem sacrifícios para conseguir atingir a sua meta. São, na maioria das vezes, cruéis e chegam a ser até antipáticas. Não são dadas a fofocas, mas falam muito da vida dos outros e gostam de opinar sobre o que não lhes convém. Quando iradas, são intratáveis e desagradáveis, e também são donas de uma franqueza inconveniente.

Ieiê Pondá

Tem fundamento com Oxalá.

Lado positivo
Se são homens, gostam do lar e se dedicam a ele. Se são mulheres, são excelentes donas de casa. São pessoas falantes, meigas, dóceis e gostam do trabalho, pois são sempre profissionais de mão cheia. As pessoas regidas por esta qualidade de Oxum têm excelente memória e adoram a leitura. São anfitriãs de primeira categoria e esbanjam gentileza, meiguice, boa educação e alegria.

Lado negativo
Por esta Oxum estar ligada às Yamis Oxorongás, as pessoas regidas por Ieiê Pondá são feiticeiras praticantes. Não há necessidade de apetrechos para feitiços, pois seus olhos são o maior perigo. Frágeis, medrosas, mentirosas, alcoviteiras, as pessoas regidas por Ieiê Pondá têm o dom mágico de se intrometer nos problemas e na vida de outras pessoas. Choram por qualquer bobagem e são do tipo chantagista.

Ieiê Abotô, Ieiê Abomim

Lado positivo
São Oxuns de temperamentos bem semelhantes. Vaidosas, fogosas, responsáveis, organizadas, as pessoas regidas por estas qualidades de Oxum são geralmente muito exigentes com elas mesmas. Trabalham muito, descansam pouco, mas estão sempre prontas para novos desafios. Amam com dignidade. Sabem viver, pois encaram a vida com equilíbrio e valentia.

Lado negativo
Reclamam demais das coisas, pois as Oxuns Abotô e Abomim são velhas. Têm sempre algo incomodando e não deixam escapar uma oportunidade de criticar, que é a sua maior arte. Aqueles regidos por estas Oxuns são também chorões e dramáticos, apesar da sorte lhes sorrir.

Ieiê Karê, Ieiê Arê, Ieiê Okê

Todas têm fundamento com Oxosse.

Lado positivo
São Oxuns jovens e, por isso, são guerreiras e ativas. Aqueles que são regidos por elas também o são. Gostam de trabalhar, de viajar, de fazer amigos, de cantar, de brincar, de sorrir e fazem de tudo para serem felizes, todo o tempo. Quem carrega qualquer um destes três tipos de Oxum é sempre uma pessoa vitoriosa e de bem com a vida. Essas pessoas são amantes fervorosas, constantes e exigentes, boas profissionais, amigas leais e donas de um astral de dar inveja.

Lado negativo
São talvez os tipos de Oxum que mais dão de presente aos seus filhos o dom da falsidade. São pessoas de "bater pezinho" quando querem alguma coisa. Não perdoam nunca e estão sempre instigando as pessoas de quem não gostam, pois também adoram um bate-boca. São pessoas matreiras, sonsas, debochadas, com uma certa gotinha de inveja. Se não gostam de alguém, tratam bem, mas só para arrancar segredos e ter, assim, uma boa arma de defesa.

Ieiê Muiwá

Tem fundamento com Xangô.

Lado positivo
   As pessoas que estão sob a regência desta Oxum são aparentemente secas, mas, no fundo, muito emotivas. Choram com facilidade, porque absorvem os problemas dos outros. São amáveis, firmes, convictas, sérias. Adoram o dia e detestam a noite. Como amantes, são discretas; como profissionais, são boas. Conhecem o feitiço, apesar de não se utilizarem muito dele. No culto, são pessoas que sempre se destacam e lideram com incrível capacidade.

Lado negativo
São possessivas, atormentadas, exigentes, ciumentas. As pessoas regidas por Muiwá têm tendência a viver pouco sozinhas, pois gostam de ter muitas pessoas a rodeá-las, mas para ter em quem dar ordens. Seus fundamentos com Xangô tornam as pessoas regidas por Oxum Muiwá muito autoritárias e mandonas, e também com mania de grandeza.

Sin-Da

As características positivas e negativas desta qualidade de Oxum são semelhantes às de Abotô e Abomim.

IEMANJÁ

Mãe d'água, rainha das ondas, sereia do mar, Iemanjá, mãe dos orixás, é a senhora dos lares, que traz a paz e a harmonia para todas as famílias. É a divindade das águas salgadas, dos mares e oceanos, a orixá que gera o movimento das águas, a deusa da pérola.

Elemento
Água.

Precauções que seus filhos devem tomar
Devem tomar cuidado com o mar, acidentes domésticos, acidentes de trânsito, doenças de barriga e do seio (caso seja mulher).

Cores
Azul-claro, cristal, verde-claro, rosa, branco.

Metal
Prata.

Pedras preciosas
Pérola e brilhante.

Profissões
Serviço social, pedagogia, advocacia, medicina.

Psiquê dos filhos de Iemanjá
Superproteção a todos que cercam a pessoa; feminilidade, formosura, franqueza, alegria, desconfiança, equilíbrio emocional, sabedoria, competência. Os filhos de Iemanjá são pessoas dotadas de alto senso de colaboração e fraternidade. São pessoas que gostam do trabalho e que se dedicam inteiramente à família.

Iyá Arabô

Tem fundamento com Lebara.

Lado positivo
Esse tipo de Iemanjá é bem masculinizado. Os regidos por Iyá Arabô são pessoas de pulso forte, de decisão precisa, honestas e corretas. São de falar pouco, de produzir muito, de trabalhar até a exaustão. Como amantes, são demasiadamente exigentes e constantes. Cuidam bem e administram ainda melhor a família e os negócios, e dentro do culto se destacam pela austeridade e pelo conhecimento. São pessoas de muito valor.

Lado negativo
Se você tem medo de olho-grande, fique longe das pessoas regidas por esta qualidade de Iemanjá, pois se elas ficarem com raiva, destroem a pessoa com um simples olhar. São cruéis e egoístas, do tipo que acha que é a dona da verdade. São competentes, mas exigem dos outros um esforço redobrado. A feitiçaria é o seu forte.

Iyá Sobá

Tem fundamento com Orumilá.

Lado positivo
São supermães ou superpais. Preocupam-se com tudo e com todos. Querem estar sempre a par dos problemas e dos acontecimentos. Devotadas, elegantes, colaboradoras, sensíveis, dóceis, as pessoas de Iyá Sobá têm muito jeito para cuidar de idosos e doentes, pois nasceram para ajudar aos que necessitam. São francas e benevolentes.

Lado negativo
Abusam do deboche e chegam a ser falsas. As filhas de Iyá Sobá não gostam de ser contrariadas e são as melhores para rogar praga e fazer intriga. Mantêm suas farsas com facilidade, fazendo cara de inocente. São pessoas com uma incrível arte de criar histórias. Falam demais e não são chegadas ao sexo, por questão de escolha.

Iyá Assessum, Iyá Iemowô, Iyá Sussuamê

Todas têm fundamento com Oxalá.

Lado positivo
As pessoas regidas por estas qualidades de Iemanjá são verdadeiramente apaixonadas por crianças. Talvez por isso Olorum lhes tenha concedido tanta fertilidade. Na maioria das vezes, as pessoas regidas por elas são donas ou diretoras de orfanatos, escolas ou programas sociais visando ao menor. Sua família é sempre grande, com muitos filhos. São também dotadas de grande criatividade artística. Amantes constantes e ardentes, não costumam se dedicar muito ao culto.

Lado negativo
De todas as Iemanjás, essas três são as mais "frescas". São pessoas cheias de vontades e usam até mesmo a chantagem para ter aquilo que querem. Gostam de trabalhar pouco, pois fazer força não é com elas. Criticam demais os outros, pois adoram um disse me disse. Aqueles regidos por Assessum, Yemowô e Sussuamê são pessoas fatalistas, dramáticas e com forte tendência suicida.

Iyá Ogunté

Tem fundamento com Ogum.

Lado positivo

De todas as Iyás, as Ogunté são as mais trabalhadeiras. Inteiramente dedicadas, são pessoas extremamente competentes, capazes e corretas, pois sua organização e mania de limpeza saltam aos olhos. São, como todas as qualidades de Iemanjá, extremamente ligadas à família e cuidam dela sempre como "a cabeça". São amigas, apesar de não muito constantes. Como amantes, são esporádicas. Gostam mais do trabalho que do sexo. Dentro do culto sempre se destacam, pois têm uma grande capacidade de liderança e conhecimento. Aquelas regidas por Iyá Ogunté procuram o saber, procuram aprender, pois são interessadas e atenciosas. São grandes anfitriãs, ouvintes e conselheiras. Sabem exatamente aquilo que querem da vida, por isso estão sempre trilhando o caminho que melhor lhes convém.

Lado negativo

São do tipo de indivíduos que têm um toque de falsidade em sua personalidade. Dramáticos, se irritam facilmente. Suas amizades duram pouco, pois se ligam às pessoas por conveniência. Não são amigos fiéis, pois só dão valor àqueles que podem lhes oferecer algo de concreto. Na verdade, as pessoas de Iyá Ogunté parecem crianças que, quando ganham um brinquedo novo, esquecem o velho com muita facilidade. Gostam também de jogar as pessoas umas contra as outras e, quando odeiam, querem destruir rapidamente. São da opinião de que guardar rancor é uma bobagem. Por isso, destroem seus inimigos, a fim de não acumular sentimentos negativos. São pessoas *sui generis*.

OBÁ

É uma das esposas de Xangô, aquela que cortou a orelha para Xangô comer. É a divindade dos rios, das enchentes, das pedras das encostas. Orixá cultuada no keto e no jeje, é divindade de grande poder e sabedoria.

Elementos
Água e Terra.

Precauções que seus filhos devem tomar
Devem tomar cuidado com acidentes domésticos e com o fogo.

Cores
Branco, vermelho, coral e preto.

Metal
Bronze.

Pedras preciosas
Rubi e ametista.

Profissões
Advocacia, serviço social, letras e psicologia.

Psiquê dos filhos de Obá
São indivíduos de enorme equilíbrio, senso de justiça e astúcia. Os regidos por Obá são pessoas sábias, elegantes e de extrema responsabilidade, pois sabem administrar como ninguém.

Lado positivo
Como Xangô, os filhos de Obá são pessoas justas, honestas, equilibradas, fiéis, carinhosas e não são de guardar rancores por muito

tempo. Sabem como lidar com as pessoas, pois são sempre muito educadas e competentes. Exímias cozinheiras, são também dedicadas à família e ao trabalho. Como amantes, são frustradas, pois não dão sorte no amor. Por mais que tentem, não são felizes neste campo. Entretanto, conseguem compensar esta necessidade com muito afinco e dedicação ao trabalho e ao culto. São grandes conselheiras, amigas sinceras, leais e de grande sobriedade.

Lado negativo

A orixá Obá tem um grande fundamento com Xangô e Iansã. Há quem diga que Obá é uma Iansã velha. Por isso, carrega os trejeitos e as características deste orixá. Pelo lado de Xangô, os regidos por Obá são egoístas, egocêntricos, têm mania de grandeza e desfazem das outras pessoas. Pelo lado de Iansã, essas pessoas são faladeiras, capciosas, gostam de intriga e de uma boa briga. As regidas por este orixá são sempre muito interesseiras e reclamam demais. São também ciumentas e invejosas.

EUÁ

É o orixá que transforma a água líquida em gasosa, gerando as nuvens e a chuva. É a divindade do canto e da alegria, senhora das transformações orgânicas e inorgânicas, deusa da mutação e de belas transformações, uma divindade de raro encanto e beleza.

Elemento

Água e Ar (há quem diga que o Fogo é um elemento de Euá).

Precauções que seus filhos devem tomar

As pessoas regidas por Euá têm tendência a sofrer cortes, levar choques e ser vítimas de outros acidentes domésticos. Mas sua principal precaução deve ser com o fogo, um grande e perigoso inimigo.

Cores
Amarelo e vermelho.

Pedras preciosas
Opala, água-marinha, rubi.

Metais
Ouro e bronze.

Profissões
Vendas, jornalismo e serviço social.

Psiquê dos filhos de Euá
Euá é orixá fundamentada com Iansã e Oxum, o que lhe dá características especiais, pois ela mistura demasiadamente os traços marcantes dessas outras duas divindades iorubanas. Os filhos de Euá são pessoas extremamente dóceis, carinhosas, mas também muito agitadas e falantes.

Lado positivo
Trabalhadeiras, sinceras, corretas, amigas, leais e honestas, as pessoas regidas por Euá não se importam de trabalhar pelos outros, pois é no trabalho que vão encontrar suas realizações. Entretanto, aqueles que são regidos por esta orixá costumam mudar de ideia e se entregam a um profundo isolamento, à profunda meditação. Como amantes, são meigos, constantes, mas do tipo que gosta de flertar, de namorar. São, geralmente, excelentes esposas (ou maridos), mas não fazem muita questão de se casar, porque amam sua liberdade. No culto, são pessoas dedicadas e normalmente vivem muito e sempre felizes.

Lado negativo
Como algumas qualidades de Oxum, as pessoas de Euá são dadas à falsidade e à intriga. Como algumas qualidades de Iansã, são fofoqueiras e adoram ver o "circo pegar fogo". São alegres, mas falam demais. No momento em que estão recolhidas nos rituais religiosos, tornam-se desagradáveis, impertinentes e inconvenientes. São também muito malcriadas e não costumam obedecer a ninguém, devido ao seu espírito de liberdade e autossuficiência.

NANÃ

Todas as Nanãs são de origem da nação jeje, da região do Dassa-Zumê no Daomé (atual República de Benim). Mãe da varíola, senhora das tempestades, Nanã é a divindade da lama e dos pântanos, dona do portal da vida e da morte. É a orixá que rege, juntamente com Oxalá, a passagem dos seres encarnados para o outro lado, para outras vidas.

Elementos
Terra e Água.

Precauções que seus filhos devem tomar
Devem evitar remédios, acidentes domésticos, fogo e mar.

Cores
Branco, lilás e rosa.

Metais
Prata e zinco.

Pedras preciosas
Água-marinha, opala e ônix.

Profissões
Pedagogia, serviço social, antropologia e medicina.

Psiquê dos filhos de Nanã
Em geral são pessoas introspectivas, pensativas, introvertidas. Aquelas regidas por Nanã são pessoas que amadurecem sua personalidade ainda bem jovens. São precoces em tudo; as mulheres menstruam mais cedo e tornam-se responsáveis em tenra idade. São pessoas que também vivem muito, e o motivo desta longevidade talvez venha da própria Nanã, considerada a mais velha entre todos os orixás.

Nené Adjaosi

Lado positivo
Seus filhos são parecidos com os de Iemanjá Assessun, talvez porque esse tipo de Nanã seja ligado intimamente à água. De todas as qualidades de Nanã, essa é a que dá às suas filhas maior fertilidade. São pessoas que têm verdadeira adoração e preocupação por crianças e quase sempre estão ligadas a programas sociais voltados para a recuperação, a atenção e o cuidado ao menor abandonado. São ativas e alegres, otimistas e dedicadas, sinceras e objetivas. As pessoas regidas por esta qualidade de Nanã são também líderes em tudo aquilo que fazem e estão sempre dispostas a colaborar, pois têm um sensível instinto de cooperação. São amantes constantes.

Lado negativo
Se elas se parecem com Iemanjá Assessun no lado positivo, isso também vai acontecer no lado negativo, pois as regidas por Adjaosi são pessoas "frescas" e cheias de vontade. Reclamam muito, na maioria das vezes, sem razão. Acham que estão sempre sobre-

carregadas de trabalho e têm o dom de contar os seus feitos pelos quatro cantos da Terra. São dramáticas, fatalistas e quase sempre chegadas a uma boa intriga.

Nanã Sussurê

Lado positivo

São altivas, sábias, com equilíbrio emocional destacado. Maduras e calmas, normalmente, as filhas de Sussurê são grandes matriarcas, senhoras de grande nome e poder. São dominadoras e inteligentes. Mães do tipo "perfeitas", são amigas muito fiéis e que aconselham sempre. Como amantes, são inconstantes, apesar de terem sempre uma grande família ao seu redor. São profissionais de sabedoria e grande responsabilidade, e trabalham mais com o cérebro, pois não precisam fazer força para subir na vida. Têm sempre um aspecto imponente e sóbrio, e são também donas de grande carisma. Aqueles regidos por Sussurê andam devagar e vão longe, sempre, pois são perseverantes, otimistas e confiantes. Geralmente têm um dom nato para liderança, e raramente erram.

Lado negativo

São pessoas extremamente vingativas e traiçoeiras. Nunca esquecem o que de errado fazem com elas, e por isso guardam sempre um ódio profundo. São pessoas rabugentas, reclamam a todo momento e criticam o trabalho dos outros, achando que o seu é sempre melhor. Os regidos por esta qualidade de orixá envelhecem facilmente, amadurecem logo cedo e por isso agem como se velhos fossem, tornando-se ranzinzas e até mesmo chatos.

Nanã Dinulamatambangola

Lado positivo
Como Adjaosi, as filhas desta Nanã adoram crianças e adolescentes, mas são reservadas com os adultos. São serviçais, atenciosas, amigas, conselheiras, dedicadas, orgulhosas, sinceras e notáveis na culinária. Como todos os tipos de Nanã, estas também envelhecem cedo e tornam-se cada vez mais exigentes. São muito dóceis e confiáveis. Apesar de serem donas de grande sabedoria, não fazem estardalhaço com isso, pois preferem ficar no anonimato, dada a sua humildade. Não são ativas, mas trabalham muito e com inteira dedicação. Quando amam, o fazem com ternura e sem limites, mas têm tendência a viverem sós. Sempre se destacam dentro do culto.

Lado negativo
Jamais queiram ser inimigos deste tipo de Nanã, pois são implacáveis, desleais, traiçoeiras, vingativas, impiedosas e más, verdadeiramente más, quando estão com ódio. As pessoas regidas por Dinulamatambangola são do tipo das que reclamam pelos cantos, ruminando as coisas que consideram erradas. São pessimistas, rabugentas, se ofendem por qualquer coisa e são capazes de colocar outras pessoas nas maiores encrencas. Merecem cuidados especiais.

Nanã Buruku (ou Burukê)

Lado positivo
Normalmente são pessoas talhadas para cuidarem de uma casa de santo, pois sua dedicação e amor à religião saltam aos olhos. Trabalham incessantemente, sem descanso, e estão sempre em movimento. Humildes e discretas, são dadas à liderança, mas aconselham como ninguém, pois têm uma visão muito clara das

coisas da vida, sem falar que são também donas de uma grande e muito desenvolvida mediunidade. Apesar de serem pessoas que adoecem facilmente, não se entregam à doença. Como amantes, são quase nulas, pois não olham o sexo como fator essencial em suas vidas. São amáveis e tratáveis, e têm um dom muito especial para a união.

Lado negativo
Eis aí uma grande feiticeira. Seus filhos já nascem com este dom. As pragas rogadas por aqueles regidos por Buruku normalmente pegam, e pegam bem no alvo. Basta um simples desejo... E acontece. São pessoas alcoviteiras, daquelas que gostam de "minar" o terreno alheio. Resmungam sempre e são donas de um ciúme quase doentio. Às vezes são invejosas, às vezes indiferentes. São também hipocondríacas e passam a vida tomando quilos de remédios.

TEMPO

Tempo é considerado o Iroco das nações angola e congo. Por isso, antes de se conhecer o orixá angola chamado Tempo, melhor que se fale de Iroco, em primeiro lugar. Iroco é um orixá de origem keto, que não se manifesta em ninguém. Faz parte de um grupo de orixás específicos, fitolátricos e ligados às árvores. Loko, o similar da nação jeje, é considerado o filho de Dã, a cobra sagrada, e Roko é considerado a própria floresta, apesar de algumas correntes candomblecistas o considerarem uma qualidade de Xangô.
O orixá Tempo, de origem angola e congo, é o senhor das estações do ano e o orixá da *maionga*, que é o banho na nação angola. É a divindade das transformações e mutações do meio ambiente, do calor e do frio. Ora considerado Exu, ora considerado Oxalá, ora intermediário entre um e outro. É uma divindade de grande poder e de mudança constante.

Elementos
Terra, Fogo, Água e Ar.

Precauções que seus filhos devem tomar
Vivem em perigo constante, por isso devem ter atenção com tudo o que fazem.

Cores
Marrom, branco, verde e preto.

Metais
Bronze, prata, ouro e zinco.

Pedras preciosas
Ônix, rubi, diamante e topázio.

Profissões
Vendas, veterinária, jornalismo, geologia, museologia e engenharia.

Psiquê dos filhos de Tempo
Os filhos de Tempo são pessoas controvertidas, contraditórias. Talvez por isso esbarremos num paradoxo: nunca foi tão fácil e tão difícil falar sobre o temperamento dos regidos por um orixá. Estão lá, estão cá. Dormem muito, têm insônia. São rabugentos, são alegres. São perigosos, são confiáveis. Os filhos de Tempo são verão (quentes e atiçados), outono (indiferentes e calados), inverno (frios e calculistas) e primavera (apaixonados e esperançosos). Têm opinião, mas geralmente não sabem qual. Foi, de todos os orixás pesquisados, o mais difícil de se classificar, dada a diversidade de seu comportamento. Entretanto, assim como foi difícil, também foi fácil concluir que...

Lado positivo

São dados, amáveis, francos, ativos, responsáveis, ternos, interessados, atenciosos. Profissionalmente não têm um objetivo, mas se destacam naquilo que fazem. Como amantes, são desinteressados e até mesmo moralistas. Tempo é um orixá raro, e seus poucos filhos são também peças raras. Devem ser cultivados com carinho, atenção e afago. Os regidos por este orixá são pessoas que se interessam mais pelo sucesso daqueles que amam do que pelo seu próprio. Os filhos de Tempo são os melhores conselheiros. Gostam de assumir responsabilidades e desenvolvem bem suas tarefas. São de natureza calma e aparentemente tranquila. Em certas épocas são falantes e interessados, em outras são calados e prestam muita atenção. Passam geralmente por um período de transição e mudança, e é nessas horas que devem ser mais observados. Não são pessoas violentas; ao contrário, são de apartar e apaziguar qualquer tipo de discussão ou desavença. No culto são inconstantes. Ora se dedicam à religião, ora somem da casa de santo, sem dar notícias. É o que os babalorixás e ialorixás chamam de "período de incubação".

Lado negativo

Como disse anteriormente, os filhos de Tempo não são violentos. Todavia, seus olhos são verdadeiras armas de fogo, pois são capazes de "secar" uma pessoa em vida. São dados à alquimia, à bruxaria, adoram rogar pragas naqueles que odeiam. São pessoas de atitudes perigosas, de opinião contraditória. Se de quando em vez são extrovertidos e alegres, podem ser também, com maior frequência, introvertidos, maldizentes e perigosos. Os regidos por Tempo são também distraídos, quando não há o que "catar" a sua volta. Mas se a situação é de segredo, tornam-se sonsamente alcoviteiros. São também debochados, mentirosos, dramáticos, rancorosos e às vezes fatalistas.

VUNGI

O orixá Vungi (Ibeiji ou Ibeji) é orixá erê, criança. É o orixá da alegria e da brincadeira infantil, a divindade determinada para a regência da infância, à adolescência. É um orixá raríssimo e pouco conhecido no Brasil. Há quem diga, nos meios do candomblé, que os fundamentos desta divindade estão perdidos neste país. São sempre gêmeos, duplos, sincretizados nos gêmeos Cosme e Damião e muitas vezes também em Crispim e Crispiniano.

Elemento
Ar.

Precauções que seus filhos devem tomar
Devem tomar cuidado com acidentes domésticos, a que estão sempre sujeitos.

Cores
Rosa, branco, azul-claro, verde-claro, lilás e cinza.

Metais
Bronze e ouro.

Pedra preciosa
Brilhante.

Profissões
Arquitetura e arte em geral.

Psiquê dos filhos de Vungi
O que se conhece deste orixá é muito pouco. Entretanto sabe-se o bastante para que se possa delinear uma forma de temperamento

de seus filhos. São indivíduos extremamente competentes, estudiosos e dedicados. Vivem muito e aproveitam bem toda a vida que Deus lhes deu.

Lado positivo
São extremamente alegres, brincalhões, anarquistas, festeiros e criativos. São também organizados, dedicados, trabalhadores, de opinião bem definida e sóbrios. Não são de dar conselhos a ninguém, pois acham que cada um deve cuidar de si próprio. Amam tudo aquilo que possuem e geralmente são participativos, inteligentes e, às vezes, precoces. São amantes hiperconstantes.

Lado negativo
Os regidos por Vungi, quando em seu lado negativo, tornam-se ambiciosos, ciumentos, egoístas, invejosos, temperamentais. São muito sensíveis e, por causa disso, ficam irados com muita facilidade. São teimosos, incoerentes e fatalistas. Não são muito dedicados ao culto. Dedicam-se exclusivamente àquilo que lhes interessa naquele momento, pois são altamente volúveis.

OXALÁ

Orixá da paz, do equilíbrio, da fraternidade, da união. Senhor do branco, da pureza, do equilíbrio positivo do Universo. Assim como Exu é o princípio da vida, Oxalá é o princípio da morte, pois é pelas mãos deste orixá que somos levados, após a morte, para outras vidas. Oxalá é a divindade da bem-aventurança, do fim pacífico de todos os seres humanos. É também o pai dos orixás. Pelo menos no Brasil, Oxalá está subdividido em jovem (Oxaguiã) e velho (Oxalufã).

Elemento
   Ar.

Precauções que seus filhos devem tomar
Devem tomar cuidado com acidentes domésticos e objetos cortantes.

Cor
Branco (tanto para Oxalufã como para Oxaguiã).

Metais
Platina e prata.

Pedras preciosas
Água-marinha, pérola e brilhante.

Profissões
Pedagogia, medicina, odontologia, serviço social e administração.

Psiquê dos filhos de Oxalá
A calma é reinante nos filhos de Oxalá, mas devemos observar que as características de Oxaguiã e de Oxalufã são, geralmente, bem diferentes. Entretanto, ambos são Oxalás e, consequentemente, têm algo em comum em seus temperamentos. A formação da personalidade dos filhos de Oxaguiã e de Oxalufã, na verdade, começa na infância, da mesma maneira, diversificando-se e fixando-se com o passar do tempo.
Algumas formas de comportamento dos filhos destes dois tipos de Oxalás são muitíssimo parecidas, mas pesquisando mais a fundo, verificamos que são até mesmo antagônicas. Exemplo disso é que algumas qualidades de Oxaguiã são fundamentadas com Ogum, Oxosse, Logunedé e Oxum, fazendo destes que são regidos pessoas mais ativas, animadas, extrovertidas. Algumas qualidades de Oxalufã são fundamentadas com Omolu, Nanã e Iemanjá, fazendo dos regidos por este orixá pessoas mais calmas, introvertidas, pensativas e até mesmo lentas.

Escolhi apenas duas qualidades de Oxaguiã e duas de Oxalufã, as mais populares, mostrando o tipo de comportamento de cada uma.

Oxaguiã Ajagunã

Lado positivo

Geralmente são os mais participativos. Com inteligência aguçada, inventivos, capazes, muito ativos e criativos, os regidos por Ajagunã são pessoas que aprendem com muita facilidade, se adaptam facilmente a qualquer situação. São pessoas fáceis de se entender, pois mostram sempre o seu lado real. Amantes ardentes e constantes, procuram sempre estar em evidência, principalmente com relação ao sexo oposto, pois são muito vaidosos e quase sempre bonitos e elegantes. Os filhos de Ajagunã são bastante parecidos com os de Ogunjá e se comportam quase da mesma forma, pelo fato desta qualidade de Oxalá ser guerreira e lutadora.

Lado negativo

Os filhos de Ajagunã são confusos, pois sempre estão com problemas a resolver, mas que nunca resolvem. São de sumir por longos tempos e aparecer de repente, como se nada tivesse acontecido. Mentem com muita facilidade, inventam histórias que mais parecem contos de fadas e são dados à intriga. Gostam de trabalhar, mas adoram uma folga. Usam de quando em vez de falsidade para se defender de qualquer problema que apareça. São, na maioria das vezes, fúteis.

Oxaguiã Talabi

Lado positivo

São aqueles mais interessados em resolver os problemas dos outros. Políticos natos, sempre correm atrás de soluções e de novas ideias, pois são inventivos e, na maioria das vezes, com um alto grau de inteligência e equilíbrio. Como amantes, são de veneta. Ora estão ardentes, apaixonados e interessados, ora estão — e isso não é raro — isolados, desinteressados e até mesmo moralistas. Trabalham com afinco e são dotados de força de vontade.

Lado negativo
São do tipo "desesperado", achando que o mundo vai se acabar e que eles serão os primeiros a morrer. Têm pressa em tudo, pois acreditam que vão deste mundo ainda cedo. São sarcásticos, mentirosos, fúteis, hipocondríacos, e gostam de intrigas e fofocas. São os Oxalás mais inventivos, mas sua especialidade é criar desarmonia. Talvez não façam por maldade, mas por desatenção, pois os filhos de Talabi, geralmente, são muito desatenciosos e até mesmo confusos em tudo aquilo que fazem.

Oxalufã Kajapriku

Lado positivo
São pessoas compenetradas, introspectivas, de forte poder de liderança e capacidade de decidir e resolver. São muito parecidas com os filhos de Xangô, das qualidades Ogodô ou Airá. São severas, pois gostam de um trabalho limpo e bem feito. Normalmente são pessoas muito sérias, de riso difícil, pois entendem a vida como uma missão que deve ser bem cumprida. Como amantes são ternas e inconstantes, porém são os melhores chefes de família que existem, pela forma como a conduzem e pelo seu equilíbrio emocional.

Lado negativo
São indivíduos de grande impaciência. Lentos, vagarosos, meticulosos, reacionários, metódicos e exclusivistas, os regidos por esta qualidade de orixá são pessoas que reclamam muito, pois

acreditam cegamente que são os donos da verdade e da pura sabedoria. Os filhos de Kajapriki são também um pouco egocêntricos e normalmente donos de grande ciúme, mesmo daquilo que não lhes pertence.

Oxalufã Babaxeim

Lado positivo
Apesar de Babaxeim ser considerado um orixá velho, seus filhos são pessoas muito ativas e participantes. Eles se apegam facilmente a tudo e a todos e esperam, num sonho dourado, resolver os problemas do mundo. São pessoas interessadas e amigas; sonhadoras e até mesmo arrojadas; calmas e serenas; escrupulosas e honestas. Como amantes, são ardentes, apesar de não serem muito felizes no campo sentimental. Como profissionais, se destacam pelo enorme senso de responsabilidade e liderança que carregam. Dentro do culto sempre se destacam por sua seriedade e dedicação.

Lado negativo
Volúveis, fúteis, de sensibilidade exagerada, os filhos desta qualidade de Oxalufã não se contentam nunca com aquilo que têm e, em consequência disso, vivem reclamando da vida. Gostam de um disse me disse e têm forte poder de feitiço. Normalmente, quando amigos, tira-se tudo deles. Entretanto, se inimigos, tomem cuidado, pois são impiedosos.

Os orixás regentes e o relacionamento entre seus filhos

Agora que conhecemos o temperamento de cada um dos orixás e das suas diversas qualidades, vamos conhecer o relacionamento das pessoas entre si. Quem pode e deve casar com quem? Quem deve fazer negócio com quem? Quem são os verdadeiros amigos? Quem são os inimigos naturais?

Pelas regências dos orixás — principalmente sabendo-se que todos eles agem em nosso temperamento, em nossa personalidade —, podemos responder às perguntas acima. O relacionamento dos seres humanos, conforme o orixá que cada um carrega, é muito importante, pois, de acordo com o "cruzamento", um grande amor, um grande negócio ou uma grande amizade podem dar certo ou não.

RELACIONAMENTO ENTRE PESSOAS SOB A REGÊNCIA DE ORIXÁS DIFERENTES

Às vezes sentimos grande carinho por alguém que conhecemos há bem pouco tempo. Outras vezes sentimos repulsa e usamos o chavão "o meu santo não cruza com o daquela pessoa". De verdade mesmo, o chavão está mais do que certo. Algumas vezes um orixá pode ter quizila (repulsa) com outro, e nós, diretamente influenciados por eles, sentimos a mesma coisa. Assim como o fogo é inimigo da água, assim como a terra não é compatível (muitas vezes) com o ar etc.

Num estudo meticuloso e muito cuidadoso, chegamos à conclusão das possibilidades entre o relacionamento de uns com os outros. Vejam, a seguir, onde vocês se enquadram.

Exu e Ogum
Relacionamento fácil, amigo, fiel. No amor, grandes possibilidades de felicidade. Nos negócios, sucesso. Amizade eterna.

Exu e Oxosse
Relacionamento terno e amigo. No amor, sinceridade. Nos negócios, grande sucesso. Amizade firme e segura.

Exu e Ossãe
Pode se tornar difícil pelo temperamento do segundo. No amor, equilíbrio. Nos negócios, firmeza. Amizade inconstante.

Exu e Oxumarê
Aí está uma grande incógnita. Pode dar muito certo, como também muito errado. Torna-se quase impossível uma conclusão. Vale mais o que o coração disser.

Exu e Obaluaê
Relacionamento maduro e leal. No amor, as coisas não dão muito certo, porém, nos negócios e na amizade, existe muita chance de sucesso.

Exu e Xangô
Relacionamento dúbio. Desconfiança de ambas as partes. No amor, estão fadados ao fracasso. Negócios difíceis. Amizade pode dar certo ou não.

Exu e Iansã
O melhor relacionamento possível. É fogo com fogo. Amor ardente, apaixonado. Negócios fáceis, mas com uma certa desconfiança. Amizade vibrante e prolongada.

Exu e Logunedé
Têm tudo para dar certo. Difícil é vê-los como amantes. Os negócios tendem para o sucesso. A amizade é sempre leal, sincera e duradoura.

Exu e Oxum
Relacionamento fácil. Amor ardente, coerente. Negócios que fluem com facilidade. Amizade leal e eterna.

Exu e Euá
O mesmo que Exu e Oxum.

Exu e Obá
Relacionamento difícil em todos os níveis. No amor, nada costuma dar certo. Nos negócios, idem. Amizade quase nula.

Exu e Iemanjá
Relacionamento bom, afável e fraterno. No amor, as coisas podem complicar um pouco. Negócios a bom termo. Amizade sincera.

Exu e Nanã
Relacionamentos respeitosos e amadurecidos. No amor, não tende a acontecer nada. Negócios equilibrados e amizade, idem.

Exu e Vungi
Nem pensar!!! Nada dá certo!

Exu e Tempo
Bom relacionamento. No amor, é difícil acontecer. Negócios com grande possibilidade de sucesso. Amizade sempre sadia, sincera e prolongada.

Exu e Oxalá
Relacionamento estranho. No amor, o relacionamento nunca tende a dar certo, pois estão em polos diferentes. Os negócios, se derem certo, serão sempre do tipo "grande". Amizade leal, apesar de difícil.

Ogum e Oxosse
Como irmãos. No amor, esta combinação não costuma ocorrer com frequência e, por isso, não dá muito certo. Negócios fáceis e produtivos. Boa amizade.

Ogum e Ossãe
Relacionamento de choques. Não é bom para o amor, para os negócios nem para a amizade.

Ogum e Oxumarê
Costuma ser um relacionamento equilibrado. No amor, as coisas andam bem. Nos negócios, tem tudo para dar certo. A amizade geralmente é fraterna.

Ogum e Xangô
Respeitam-se e às vezes se chocam. Não têm nada a ver no campo sentimental. Nos negócios, porém, têm muita positividade e sempre realizam grandes contratos. Amizade firme.

Ogum e Obaluaê
São sempre muito bons. Somente no campo sentimental é que as coisas dificilmente acontecem. Porém, são grandes e fraternos amigos, pois estão sempre se ajudando.

Ogum e Iansã
Outro relacionamento muito fácil. Normalmente são grandes amantes. Todavia, não são de ficar juntos por muito tempo. Negócios de grande positividade. Amizade muito franca e objetiva.

Ogum e Logunedé
Nunca registrei caso de amor entre os dois, mas existe a possibilidade de dar certo, bem como nos negócios. Amizade sempre bem alegre e duradoura.

Ogum e Oxum
Relacionamento afável. No amor, relacionamento sempre muito feliz e duradouro. Negócios lentos, mas positivos. Amizade leal e eterna.

Ogum e Euá
Talvez Euá seja a melhor companheira de Ogum. No amor, tudo tende ao sucesso, pois parece que nasceram um para o outro. Negócios nulos. Amizade sincera e eterna.

Ogum e Obá
Relacionamento nulo em todos os ângulos.

Ogum e Iemanjá
Tem tudo para dar certo. São amantes ardentes e constantes, mas há um ciúme muito grande entre os dois. Negócios certos. Amizade de grande fraternidade.

Ogum e Nanã
Relacionamento de harmonia. No amor, seriedade. Negócios de grande porte. Amizade meiga e sincera.

Ogum e Tempo
Normalmente brigam muito, em todos os sentidos. Não são de grande amizade nem dão muito certo nos negócios. Amizade turbulenta e um tanto confusa.

Ogum e Vungi
Bom relacionamento. Amor sincero, porém de pouca duração. Os negócios podem ser produtivos. A amizade é sempre sincera e real.

Ogum e Oxalá
Existe sempre muita cooperação e sinceridade no relacionamento destes dois orixás. No amor, tudo tende à harmonia. Negócios seguros e felizes. Amizade sempre em alta.

Oxosse e Ossãe
Real amizade, apesar de se solidificar só depois de um bom tempo. No amor, não há muita chance. Negócios de harmonia e grandes possibilidades.

Oxosse e Oxumarê
Relacionamento de atração. Ora está em alta, em todos níveis, ora está em baixa. Normalmente se dão bem, mas divergem em vários pontos.

Oxosse e Obaluaê
Estão sempre unidos. No amor, tudo tende a uma grande harmonia. Nos negócios, tudo vai sempre muito bem. Amizade das mais sólidas e duradouras.

Oxosse e Xangô
São opostos. Divergem em quase tudo. Não existem grandes possibilidades no amor. Os negócios vão bem, apesar de desconfianças entre ambos. Amizade um pouco difícil.

Oxosse e Iansã
Brigam demais. Podem ser grandes amantes, mas nunca para a vida toda. São bons nos negócios. Na amizade, sempre alegres.

Oxosse e Logunedé
Relacionamento de grande respeito. No amor, costumam dar certo. Negócios fracos. Amizades sinceras.

Oxosse e Oxum
O casal perfeito em tudo. Excelente no amor, pois este é sempre duradouro. Negócios francos e positivos. Amizade de grande fidelidade e sinceridade.

Oxosse e Euá
Da mesma forma que com Oxum, se dão muito bem, apesar de algumas divergências. No amor, tudo bem. Negócios bons. Amizade fraterna.

Oxosse e Obá
Bom relacionamento. No amor, tudo tende a dar certo, pois existe grande respeito entre ambos. Nos negócios as coisas mudam, pois não conseguem se acertar. Amizade segura.

Oxosse e Iemanjá
Relacionamento difícil. Começa muito bem e acaba sempre muito mal. Não duram no amor. Nos negócios nada costuma ir adiante. A amizade é inconstante e frágil.

Oxosse e Tempo
Ora entram em choque, ora estão bem. É difícil darem certo no amor, mas nos negócios tudo pode evoluir bem. Amizade flutuante.

Oxosse e Vungi
Entendimento praticamente nulo. Não dão certo em nada.

Oxosse e Oxalá
Costumam dar certo. No amor, se atraem, mas não são de viver juntos para sempre. Nos negócios, podem, juntos, fazer muitas conquistas. Na amizade, as coisas tendem a ser muito felizes.

Ossãe e Oxumarê
Relacionamento de muitos altos e baixos. Quando em alta, tudo vai às mil maravilhas, em todos os aspectos. Quando em baixa, é melhor ficarem bem longe um do outro.

Ossãe e Obaluaê
Relacionamento muito bom. No amor, grande possibilidade de sucesso. Idem nos negócios. Amizade sempre segura e duradoura.

Ossãe e Xangô
Entendimento completamente nulo. Nada vai adiante.

Ossãe e Iansã
Se olham com muito cuidado. No amor, não costumam ir adiante, pois divergem muito e o ciúme é intenso. Nos negócios, quase não costumam consumá-los. Amizade inconstante.

Ossãe e Logunedé
São amigos e apenas isso. Entendimento nulo nos negócios e no amor.

Ossãe e Oxum
Não são muito atraídos um pelo outro. Porém, levam jeito para os negócios e são amigos.

Ossãe e Euá
Costumam ser muito bons. Tanto nos negócios quanto no amor. São também amigos inseparáveis.

Ossãe e Obá
Relacionamento firme. Bons no amor, pois ambos são maduros. Negócios de bom nível e amizade sincera.

Ossãe e Iemanjá
Brigam muito mas se gostam. No amor, tudo tende a dar muito certo. Bons para os negócios. Grande amizade, apesar das brigas.

Ossãe e Tempo
Outro relacionamento muito bom, pois ambos se parecem um pouco. São bons amantes, fáceis de fazer negócios e bons amigos.

Ossãe e Vungi
Relacionamento difícil, pois são antagônicos em tudo. Nada costuma dar certo no amor, nos negócios ou na amizade. O segundo implica demais com o primeiro.

Ossãe e Oxalá
Relacionamento bom em todos os níveis. No amor, costumam ir bem longe. Têm boa tendência para realizar bons negócios e são excelentes amigos.

Oxumarê e Obaluaê
Estão sempre lado a lado. Costumam dar certo no amor. Também nos negócios, sempre chegam a bom termo. Como amigos, são francos um com o outro. Amizade duradoura.

Oxumarê e Xangô
Outro relacionamento bom, apesar de estarem em constante conflito. No amor, é bom, mas não é duradouro. Nos negócios, tendem a dar certo. Amizade sincera, apesar das brigas.

Oxumarê e Iansã
Relacionamento amplo. No amor, se atraem demais. Ruim para os negócios. Amizade sempre muito grande.

Oxumarê e Logunedé
Relacionamento fraco. No amor, vai sempre mal. Bom, às vezes, para os negócios. Amizade um pouco indiferente.

Oxumarê e Oxum
Relacionamento bom em todos os aspectos. Vivo no amor, excelente nos negócios e muito bom para amizade.

Oxumarê e Euá
Do tipo excelente. Amantes quase eternos, pois estão sempre procurando um ao outro. Bom para os negócios, mas, intrigantemente, é difícil que sejam amigos.

Oxumarê e Obá
Relacionamento aberto em todos os níveis. Costumam dar certo, sempre, tanto no amor, quanto nos negócios, e a amizade é sempre forte.

Oxumarê e Iemanjá
Relacionamento cuidadoso. Respeitam-se. Não dão certo no amor nem nos negócios, entretanto são bons amigos.

Oxumarê e Tempo
Relacionamento bom. No campo sentimental quase não se relacionam. Sabem fazer negócios e são bons amigos.

Oxumarê e Vungi
Praticamente nulo. Nada acontece.

Oxumarê e Oxalá
Ambos se respeitam e, por causa disso, tudo tende a dar certo. Sentimentalmente estão sempre bem. São excelentes nos negócios. Amizade de muita consistência.

Oxumarê e Nanã
Talvez o melhor casal. Sabem como conviver um com o outro e por isso sempre darão certo, em tudo.

Obaluaê e Xangô
Estão sempre bem, apesar de que, no amor, não costumam ser muito felizes. Porém, dá tudo muito certo nos negócios e nas amizades.

Obaluaê e Iansã
É bom... em tudo!

Obaluaê e Logunedé
É ruim... em tudo!

Obaluaê e Oxum
Relacionamento franco e muito favorável no amor, nos negócios e nas amizades, que são sempre muito seguras.

Obaluaê e Euá
Relacionamento sereno. Bom para o amor, razoável para os negócios e bom para amizade.

Obaluaê e Obá
Normalmente são grandes nos negócios, pois sabem fazê-lo. No amor, tendem a dar certo, pois ambos são maduros e serenos. Bem como na amizade, que é segura e duradoura.

Obaluaê e Iemanjá
Relacionamento fraterno. Quando partem para o campo sentimental, normalmente dá certo. Nos negócios tudo vai bem. Boa amizade.

Obaluaê e Tempo
Excepcional em tudo, sem tirar nem pôr.

Obaluaê e Vungi
Não costuma acontecer o cruzamento. É difícil, mas as tendências são negativas.

Obaluaê e Oxalá
Relacionamento equilibrado. Costumam dar muito certo no amor e nos negócios, e normalmente são amigos inseparáveis.

Xangô e Iansã
Esses vão longe! Também, é fogo com fogo. Normalmente é o relacionamento mais duradouro, no amor, nos negócios e na amizade, apesar de brigarem muito.

Xangô e Logunedé
Não dão muito certo, pois não se acertam no amor, não são de fazer negócios um com o outro e não são amigos chegados.

Xangô e Oxum
Relacionamento meigo e fraterno. Nos negócios nem tanto. Na amizade, fraco, mas, no amor, sempre dá certo.

Xangô e Euá
Ocorre da mesmíssima forma que entre Xangô e Oxum.

Xangô e Obá
Relacionamento difícil. Parecem-se, mas se repelem. Não dão certo no amor nem na amizade. Nos negócios, pode ser.

Xangô e Iemanjá
Relacionamento equilibrado. Costuma ser muito duradouro no campo sentimental, bem como nos negócios. Na amizade, divergem, mas acabam chegando a um bom acordo.

Xangô e Nanã
Relacionamento praticamente indiferente. Pode ser bom como pode ser ruim.

Xangô e Tempo
No amor, nem pensar! Nos negócios são equilibrados e exigentes, mas a tendência é muito positiva. Boa amizade.

Xangô e Vungi
Relacionamento franco e aberto. Bom para o amor, ruim para os negócios e excelente para a amizade.

Xangô e Oxalá
Bom em tudo, pois é um relacionamento respeitoso e equilibrado.

Obaluaê e Nanã
É um relacionamento de longa vida. Tudo positivo no campo sentimental. Nos negócios e na amizade sempre reinam harmonia e sinceridade.

Iansã e Logunedé
Bom relacionamento. Excelente para o amor, para os negócios e para a amizade, que será sempre muito bonita.

Iansã e Oxum
Relacionamento difícil em todos os níveis, pois são antagônicos e divergem em tudo. Não têm nada para dar certo.

Iansã e Euá
Bom, mas apenas isso...

Iansã e Obá
Relacionamento equilibrado em tudo. No amor, é muito difícil. Nos negócios, a tendência é boa. A amizade é sempre duradoura.

Iansã e Iemanjá
Relacionamento extremamente difícil. No amor, aparentemente dão certo, mas vivem num verdadeiro inferno. Nos negócios, não adianta nem tentar. Na amizade, sim, pode acontecer, mas mesmo assim é difícil.

Iansã e Nanã
Relacionamento que só poderá dar certo na amizade e nos negócios. Amor... nem pensar!

Iansã e Tempo
Relacionamento bom, em todos os níveis. No amor, muita sinceridade. Nos negócios, equilíbrio. Amizade, segura e duradoura.

Iansã e Vungi
Sem comentários, pois é excelente em tudo!

Iansã e Oxalá
A tendência é para tudo ir muito bem. No amor, costuma ser bom. Nos negócios, um pouco de divergência. Amizade serena.

Logunedé e Oxum
Relacionamento excepcional em tudo.

Logunedé e Euá
Muito bom. Sempre muito alegre, apaixonado e sincero. Bons negócios e grandes amizades.

Logunedé e Obá
Relacionamento de equilíbrio. Nulo no amor, razoável nos negócios e bom para amizade.

Logunedé e Iemanjá
Bom em tudo. No amor, existe afinidade. Nos negócios, confiança. Na amizade, muita sinceridade.

Logunedé e Nanã
Quase nulo. Porém, quando estão juntos, tendem a se repelir.

Logunedé e Tempo
Também quase nulo.

Logunedé e Vungi
Verdadeira brincadeira de criança, pois ambos têm jovialidade. Não levam nada a sério quando juntos, mas a amizade é sempre muito bonita.

Logunedé e Oxalá
Relacionamento calmo. No amor, sinceridade. Nos negócios, equilíbrio. Amizade sincera e madura.

Oxum e Euá
Completamente nulo no amor. Na amizade, tudo dá certo. Nos negócios, as tendências são positivas.

Oxum e Obá
No amor, nada costuma ir adiante, mas, nos negócios e na amizade, as possibilidades são muitas de darem certo.

Oxum e Nanã
Bom no amor, apesar de difícil. Excelente para os negócios e também para a amizade, que costuma ser longa e muito sincera.

Oxum e Tempo
Relacionamento de muito equilíbrio. No amor, podem dar certo. Nos negócios, as tendências são negativas. A amizade às vezes torna-se muito difícil.

Oxum e Vungi
Relacionamento franco, tranquilo e favorável em tudo, menos nos negócios.

Oxum e Oxalá
Muitíssimo bom para o amor. Excelente para os negócios. Excepcional para a amizade. Tudo certo.

Euá e Obá
Aparentemente difícil, mas as tendências são muito boas, menos para o relacionamento amoroso.

Euá e Iemanjá
Ruim em tudo. Divergem demais.

Euá e Nanã
São equilibradas, tranquilas e dão certo em qualquer coisa.

Euá e Tempo
Relacionamento frágil. Com algum esforço, pode dar certo no amor, nos negócios e na amizade.

Euá e Vungi
Basta ler Logunedé e Vungi, pois é a mesma coisa.

Euá e Oxalá
Relacionamento muito positivo em tudo, sendo que, nos negócios, apresentam inconstância. No amor e na amizade, muito positivo.

Obá e Iemanjá
Perfeito para amizade e para os negócios. Péssimo para o relacionamento amoroso.

Obá e Nanã
Da mesma forma que entre Obá e Iemanjá, sem tirar nem pôr...

Obá e Tempo
Relacionamento equilibrado. No amor, pode ser bom. Negócios lucrativos. Amizade muito boa e sincera.

Obá e Vungi
Difícil em tudo. Bom apenas para negócios.

Obá e Oxalá
Para os negócios é relativamente ruim, mas, no amor e na amizade, a tendência é extremamente positiva.

Iemanjá e Nanã
Só não dão certo no amor, mas, nos negócios e na amizade, tudo vai bem.

Iemanjá e Tempo
Pode se tornar difícil, pois ambos têm um temperamento muito adverso. Entretanto, podem ser grandes amigos.

Iemanjá e Vungi
É do tipo mãe e filho. Bom para o amor, grande para os negócios. Amizade duradoura.

Iemanjá e Oxalá
Excelente par em tudo. Muito bom no amor, pois se entendem perfeitamente. Bom para negócios, pois são equilibrados. Amigos inseparáveis.

Nanã e Tempo
É um relacionamento difícil, mas de grandes possibilidades. Só não funcionam de jeito nenhum nos negócios.

OS ORIXÁS REGENTES E O RELACIONAMENTO ENTRE SEUS FILHOS

Nanã e Vungi
Relacionamento muito bom, menos no campo sentimental. Podem fazer grandes negócios e são sempre grandes amigos.

Nanã e Oxalá
Excelente. No amor, o relacionamento costuma ser muitíssimo duradouro. Bom também para negócios e para amizade.

Vungi e Oxalá
Excepcional em tudo. Não é necessário nem comentar.

QUANDO HÁ COINCIDÊNCIA DOS MESMOS ORIXÁS, COMO FICA?

Exu e Exu
Não é possível. Muito difícil em tudo.

Oxum e Ogum
Existe uma tendência para o choque, mas podem dar certo tanto no amor quanto nos negócios e na amizade.

Oxosse e Oxosse
Fácil relacionamento. No amor, muita felicidade. Nos negócios, sucesso. Amizade eterna.

Ossãe e Ossãe
Não dão certo em nada.

Oxumarê e Oxumarê
Nos negócios é cobra comendo cobra. No amor, a combinação é muito proveitosa. Na amizade, muito bom.

Obaluaê e Obaluaê
Existe uma forte tendência para darem certo em tudo. No amor, é um verdadeiro sucesso. Nos negócios, muito equilíbrio. As amizades são sempre muito boas e equilibradas.

Xangô e Xangô
Tendem a dar certo, menos no amor, em que não conseguem chegar a um bom termo. Entretanto, para os negócios, as tendências respondem positivamente em qualquer tempo. Na amizade, têm tudo para dar muito certo.

Iansã e Iansã
Positivamente... em tudo!

Logunedé e Logunedé
É um cruzamento muito difícil mas, quando acontece, costuma dar certo em tudo, pois ambos se atraem demasiadamente.

Oxum e Oxum
Outro relacionamento muito fácil, em todos os setores, pois estão sempre de acordo.

Euá e Euá
São sempre irmãos. Nada mais. Nunca dariam certo no amor, mas, nos negócios e na amizade, tudo bem.

Obá e Obá
Cruzamento difícil, mas a tendência, caso aconteça, é dar muito certo nos negócios e na amizade. No amor não têm nada a ver.

Iemanjá e Iemanjá
Costumam dar certo em todos os setores, pois o relacionamento é sempre muito bom. No amor, complica um pouco, mas, na amizade e nos negócios, a tendência é boa.

Nanã e Nanã
Para o amor, jamais dariam certo. Entretanto, para os negócios, é excepcional. Para a amizade, é muito boa a combinação, pois serão sempre inseparáveis e fiéis.

Tempo e Tempo
Repelem-se terrivelmente. Jamais conseguirão viver juntos e jamais farão negócios. No amor, é bom nem falar.

Vungi e Vungi
Cruzamento quase impossível, pois é um orixá raríssimo. Mas se acontecer, deve ser uma alegria geral...

Oxalá e Oxalá
Atraem-se. São sempre grandes amigos, acima de tudo. Sabem fazer negócios, que estão fadados ao sucesso, e, no amor, é um relacionamento muito bom, firme, sincero e eterno.

QUALIDADES COMPATÍVEIS E INCOMPATÍVEIS

Existem também qualidades de determinados orixás que são compatíveis às de outros orixás — aquelas que combinam completamente, em forma e gênero —, e outras que são absolutamente incompatíveis — de tal modo que não se pode colocar uma frente à outra.

Isto ocorre por motivos que dizem respeito a fundamentos de santo e, por isto, não podem e não devem ser explicados em detalhes. Todavia, diz-se que aquelas compatíveis o são pelo fato de que as forças cósmicas de ambas estão agindo no mesmo sentido; e aquelas incompatíveis o são por motivo de as forças agirem em sentidos opostos, o que causa choque entre elas. Citamos como exemplo o fato de o orixá Ogum ser de boa combinação com o orixá Oxum; mas existem qualidades deste dois santos que não podem conviver pacificamente. Vejamos então algumas combinações que se destacam.

Ogum Já e Oxum Apará
Dentro do culto não se deve, de forma alguma, colocar os dois para dançarem juntos. Na vida em comum, geralmente não dá certo quando filhos destas qualidades estão unidos. Os negócios para eles também não evoluem bem, pois existe uma antipatia gratuita entre ambos.

Exu e Oxalufã
São completamente antagônicos. Jamais poderão conviver pacificamente, em qualquer aspecto.

Xangô Airá e Obá
Conta uma lenda iorubana que Obá, para agradar seu marido Xangô, cortou a própria orelha e fez um prato para que ele comesse. Tudo isso por conselho de Oxum Abomim, outra esposa de Xangô. Este, revoltado, enjoado, expulsou Obá de seu reino. Assim é com os filhos de Airá e Obá. Não conseguem conviver... nunca.

Obá e Oxum Abomim
Pelos fatos já narrados, as duas são antagônicas.

Xangô Airá e Ogum Aiaká
São inimigos, segundo conta outra lenda iorubana. Para eles, não deve haver aproximação, pois se repelem.

Ogum Xoroquê e Ogum Já
São opostos. Um, tem fundamento com Exu; o outro, com Oxalá. A tendência é não dar certo.

Oxosse Mutalambô e Xangô Ogodô
Uma lenda africana diz que Xangô Ogodô humilhou Oxosse Mutalambô em seu reino. Por isso, não existe possibilidade de que os regidos por estas qualidades se deem bem.

Iemanjá Sobá e Ossãe
O filho, Ossãe, abandonou a mãe, Sobá, para viver nas matas, longe do mar, morada de Iemanjá. Isso irritou Sobá, que o deserdou. Os filhos destes orixás normalmente não são muito simpáticos um ao outro e as relações entre eles são, em geral, estremecidas e muito difíceis, ao ponto de não conseguirem fazer negócios, casar ou até mesmo ser amigos.

Bessém e Oxum (diversas qualidades)
A segunda simplesmente não suporta o primeiro. Relacionamento muito difícil e complicado.

Iansã Oiá Matamba e Oxum Apará
São inimigas e estão sempre em contenda. Não conseguem aproximar-se uma da outra, a não ser para discutir ou brigar. Relacionamento péssimo.

Iansã Bamburucenda e Omolu Xapanã
Repelem-se terrivelmente. Mais pelo temperamento da primeira, que tem antipatia pelo segundo.

Nanã Sussurê e Oxaguiã Talabi
As relações dos filhos destes dois orixás normalmente não são boas. Os negócios, os amores e até mesmo a amizade entre ambos são muito raros e, quando acontecem, não vão muito longe.

Oxosse Ibualama e Xangô Airá
Relacionamento que exige muitíssimo cuidado, pois, por qualquer motivo, o menor que seja, vai por água abaixo. Nos negócios, nem pensar.

Oxumarê Dã e Ogum Xoroquê
Da mesma forma, é um relacionamento que exige bastante cuidado, pois pode desmoronar por menor que seja o motivo.

Iyá Ogunté e Oiá Egum Nitá
São água e fogo. Não se cruzam. Em geral, este é um relacionamento de muitas intrigas e inimizade profunda.

AS VARIEDADES QUE MAIS COMBINAM SÃO:

Xangô Airá e Oxum Abomim;
Oxosse Ibualama e Oxum Ieiê Pondá;
Tempo Zarabadiá e Oxaguiã Ajagunã;
Tempo Zarabadiá e Exu;
Ogum Xoroquê e Iansã Igbalé;
Iyá Ogunté e Ogum Já;
Obaluaê Azoani e Oxosse Ibualama;
Oxumarê Dã e Omolu Sakpatá;
Nanã Bunkiofá e Oxalufã;
Oxum Apará e Ogum Xoroquê.

Os orixás e a saúde dos seus filhos

O orixá da doença é Omolu/Obaluaê e, às vezes, Nanã. Disso já sabemos. Mas todos nós, sem exceção, sofremos sempre de algum mal. De Exu a Oxalá, todos os orixás nos tornam propensos a sofrer de alguma enfermidade, ou até mesmo nos tornam sensíveis a alguma coisa. A influência direta que os orixás exercem sobre todos nós faz com que cada um dos seres humanos tenha um pequeno (ou grande) problema de saúde. Vamos ver, a seguir, como e onde cada orixá age na saúde de todos nós.

Exu

Os filhos de Exu normalmente são assolados por uma forte dor de cabeça. Crescem, vivem e morrem com ela. Têm, também, sérios problemas de fígado. Na parte exterior do corpo carregam um sinal, como uma marca do orixá, sempre nas mãos, nos pés ou nos olhos.

Ogum Xoroquê

Da mesma forma que os filhos de Exu, sofrem muito de dores de cabeça e problemas crônicos no fígado. Sempre trazem alguma marca visível em seu corpo, devido ao fundamento com Exu.

Ogum Já
As dores de cabeça não são tão constantes, mas os regidos por esse orixá sofrem muito de hipertensão arterial. Sua marca externa é num dos braços, na altura do ombro.

Ogum Oares
Sofrem demais de nevralgia e dores de ouvido, pois a maioria tem problemas no tímpano. Sua marca exterior também se localiza, na maioria das vezes, na altura do ombro.

Oxosse Ibualama
Sofrem demasiadamente da coluna, do estômago e dos intestinos. Na grande maioria das vezes, têm problemas de miopia e astigmatismo. Sua marca fica próxima à virilha, nas axilas ou ainda na sola dos pés.

Oxosse Aquerã
A vesícula é o grande problema dos filhos desta qualidade de Oxosse. Também têm problemas, com o passar dos anos, nas cordas vocais. Não existe marca externa definida.

Oxosse Danadana
Hipermetropia, prisão de ventre e dores lombares são os problemas deste tipo de Oxosse, que marca seus filhos na face e na palma das mãos.

Oxosse Mutalambô
Seus filhos têm problemas sérios no fígado e nos intestinos, além de dores de cabeça e de dentes. Não há marca definida.

Oxosse Gongobila
Dores musculares, problemas de vesícula e muita diarreia são os problemas que atacam os filhos de Gongobila, que são marcados no rosto e também na coxa

Ossãe
Problemas de hipertensão, e até mesmo mentais, abatem os filhos do orixá Ossãe. São também propensos a estafa e vertigens. Não existe marca definida, mas pode-se notar que se ferem muito na cabeça.

Oxumarê Dã
Sofrem demasiadamente de hipermetropia, problemas urinários, pressão baixa e vertigens. Os filhos de Dã normalmente carregam a marca nas costas.

Oxumarê Bessém
Problemas mentais e disritmias são comuns nos filhos de Bessém. Sofrem muito de diarreia, insônia e dores nas costas. Têm marcas diversas.

Oxumarê Angorô
Seus filhos sofrem de disritmia, amnésia e dores lombares. Têm problemas também com o intestino e carregam, como os de Bessém, marcas diversas.

Omolu Intoto
Quase todos os filhos de Omolu e de Obaluaê têm problemas de saúde que alegrariam muito um grupo de estagiários de medicina. Os regidos por Intoto são muito atacados por dores na barriga, na bexiga e nas costas, e trazem marcas por todo o corpo.

Omolu Ajunsum
Bexiga, fígado, vesícula e estômago: aí residem os problemas dos regidos por esta qualidade de Omolu. Carregam marcas diversas.

Omolu Sakpatá
Seus filhos são atacados na cabeça e nas costas, pois têm sempre problemas na coluna vertebral, como lordose ou escoliose. Carregam marcas diversas.

Obaluaê Jagum
Dá a seus filhos dores de cabeça, problemas na vista, tais como miopia, hipermetropia e astigmatismo, e problemas nas vias urinárias. Os filhos de Jagum também sofrem de problemas na circulação. Carregam marcas diversas.

Obaluaê Azoani
O principal problema é o de coluna. Quase todos os filhos de Azoani sofrem muito disso. Também são sensíveis no que se refere ao estômago e à bexiga.

Xangô Airá
Seus filhos têm problemas cardiovasculares, estomacais, dores de cabeça, nevralgias e intestinais. Sofrem muito de prisão de ventre. Não têm marcas definidas.

Aganju
Seus filhos têm problemas de circulação, dores de cabeça (enxaqueca) e se resfriam facilmente. Carregam sempre alguma marca no pescoço, no queixo, nas mãos e no tórax.

Ogodô
Seus filhos sofrem muito do coração e dos pulmões. Têm muita dor nas costas e na cabeça. Normalmente ficam doentes com muita facilidade. Sem marcas definidas.

Xangô Baru
O fígado é o maior problema dos filhos de Baru, além de insônia, pressão alta e nervos fracos. Não têm marcas definidas.

Obacossô
As fraquezas de seus filhos são o coração, o baço, o estômago e as cordas vocais. Sofrem demasiadamente de dores de cabeça e de ouvido. Não têm marcas definidas.

Oiá Balé
Fígado, vesícula, bexiga, intestino, pressão alta, sono demasiado e rins são problemáticos deste tipo de Iansã. Alguns têm marcas bem visíveis. Outros não.

Oiá Alustral
Seus filhos sofrem muito dos rins e da vesícula.

Oiá Matamba
As pessoas regidas por esta qualidade de Iansã têm sérios problemas de rins e circulação, além de se queimarem facilmente, o que faz com que sempre tenham uma marca no corpo, principalmente nos braços, mãos e pernas.

Bamburucenda
Seus filhos têm problemas de vesícula, coração, circulação e, quando mulheres, no seio. Trazem marcas na barriga e nas mãos.

Logunedé
Seus filhos têm problemas nas vias respiratórias, no estômago e dores de dentes, de cabeça e no ouvido. Carregam marcas, geralmente, na virilha e na sola dos pés.

Oxum Apará
Seus filhos têm problemas de hipertensão arterial, sistema nervoso abalado, problemas na barriga e nas trompas, quando mulheres. Queimam-se facilmente.

Oxum Ieiê Pondá
Seus filhos têm problemas na barriga, no estômago, no sangue (como anemia) e dores nas pernas.

Oxum Abotô e Abomim
Seus filhos têm problemas de hipertensão, problemas cardiovasculares, dores de cabeça e fraqueza uterina. Carregam marcas diversas.

Oxum Ieiê Karê
As pessoas regidas por esta qualidade de Oxum adoecem com facilidade. Sentem muitas dores nas costas, no estômago e, quando mulheres, sofrem de problemas no útero. Têm marcas nas virilhas, nos seios e na barriga. Nos homens, as marcas mais comuns são no rosto e no tórax.

Oxum Muiwá
Seus filhos têm problemas de coração, hipertensão, circulação e, quando mulheres, problemas generalizados nos órgãos genitais. Sem marcas definidas.

Euá
Seus filhos têm problemas pulmonares, intestinais, circulatórios e digestivos. Sem marcas definidas.

Obá
Os filhos de Obá sentem, via de regra, muita dor de cabeça, ouvido e garganta. Nascem com problemas de respiração e pulmonares, e as mulheres costumam ter problemas nos ovários. Sua marca mais característica é nas orelhas ou próximo a elas.

Iyá Arobô
Na verdade, quase todas as qualidades de Iemanjá têm problemas nos órgãos genitais. As filhas de Iyá Arobô têm uma forte tendência a sofrer com problemas nas trompas. Sem marcas definidas.

Iemanjá Sobá
Seus filhos têm problemas nos ovários e fraqueza uterina. Sentem demais também dores na barriga e deficiência circulatória. Sua marca tradicional é na barriga.

Iemanjá Assessum
Seus filhos, quando mulheres, têm problemas no canal vaginal, como infecções, alergias etc. Quando homens, têm problemas de pele, estômago e rins. Carregam marcas diversas.

Iyá Ogunté
Outra qualidade de Iemanjá que sofre demais dos órgãos genitais. Seus filhos carregam sempre marcas na barriga e sentem muitas dores de cabeça e vertigens.

Nanã Adjaosi
O coração é o ponto fraco dos filhos desta qualidade de Nanã. Problemas musculares e circulatórios também os atacam. Carregam as marcas na perna.

Nanã Sussurê
Seu maior problema é circulatório. Seus filhos também são propensos a sofrer dos pulmões e até mesmo de problemas mentais. Carregam alguma marca nas pernas.

Nanã Dinulamatambangola
Seus filhos queimam-se com muita facilidade e têm problemas gastrointestinais com muita frequência. A bexiga também os incomoda muito. Não têm marcas definidas.

Nanã Buruku
São as pessoas mais problemáticas em termos de saúde. Por ser Buruku uma orixá pesada e demasiadamente fundamentada com Omolu, as pessoas regidas por esta qualidade de Nanã estão sempre com problemas circulatórios e pulmonares. Sentem fraqueza e vertigens com frequência e sofrem de varizes. Quando mulheres, têm problemas nos seios. Carregam marcas diversas.

Tempo
Seus filhos normalmente são pessoas com saúde deficitária. Sofrem de problemas congênitos e hereditários. Seus principais males são respiratórios, hormonais e estomacais, passando por anemias, alergias diversas, dores no corpo e cansaço muscular frequente. Trazem alguma marca, mas não existe local definido.

Vungi

Gripes alérgicas, problemas de garganta, desvio de septo, mau desenvolvimento dos ossos. Estes são os males que atacam os filhos do orixá Vungi. Não têm marcas definidas.

Oxaguiã Ajagunã

Seus filhos são muito sensíveis a problemas nos rins e no fígado. Também sofrem de dores nas pernas, varizes, deficiência circulatória e dores no estômago. Sem marcas definidas.

Oxaguiã Talabi

Da mesma forma que os filhos de Ajagunã, os regidos por Talabi têm problemas nos rins e no fígado, mas também têm fortes dores de cabeça e tendência a sofrer de infecção urinária. Carregam marcas na cabeça.

Oxalufã Kajapriku

Seus filhos apresentam alergias diversas, devido a problemas sanguíneos. Os regidos por esta qualidade de Oxalá sentem também dores de cabeça e têm tendência a varizes. Sem marcas definidas.

Oxalufã Babaxeim

Como ocorre com os filhos de Nanã Buruku, as pessoas regidas por Babaxeim são problemáticas e sofrem de diversos problemas de saúde. Os principais afetam pulmões, coração, varizes, úlceras e intestinos. Não têm marcas definidas.

Evidentemente, o quadro acima apresentado pode sofrer variações. Nem sempre um filho de Babaxeim tem problemas pulmonares; nem sempre os filhos de Oxosse Ibualama têm graves problemas de coluna; e assim por diante. A pesquisa sobre o assunto abordado foi feita a partir de estudos e observações nos filhos dos orixás citados que apresentaram estes problemas. Entretanto, como já disse, é um estado flutuante, que pode sofrer alterações. Mas sabemos que eles estão sujeitos a sofrer destes males ou até mesmo de outros que não foram citados.

Na verdade, os orixás que mais influenciam a saúde dos seus regidos são Omolu, Obaluaê, Ossãe, Oxumarê, Nanã, Oxalufã, Iemanjá e Oxum, o que não quer dizer que, obrigatoriamente, os filhos destes orixás não terão jamais boa saúde, ou que sofrerão dos males citados. O que foi apresentado é a tendência de cada qualidade de orixá para as pessoas que são regidas por eles. De verdade, de verdade, meu desejo é que todos tenham saúde, mesmo!

Axés e contra-axés

OS NÚMEROS DA SORTE DOS ORIXÁS

Todos sabem que os números exercem grande influência em nossas vidas. Também os orixás proporcionam a seus filhos a sorte através dos números, pois cada um deles tem influência direta sobre um número e, consequentemente, sobre seus múltiplos.
São eles:

Exu – Número 3 e seus múltiplos.
Ogum – Número 1 e todos os terminados em 1.
Oxosse – Número 8 e seus múltiplos.
Oxumarê – Número 9 e seus múltiplos.
Obaluaê/Omolu – Número 2 e seus múltiplos.
Xangô – Todos os terminados em zero (o número 7 também dá muita sorte aos regidos por Xangô).
Iansã – Número 5 e seus múltiplos.
Logunedé – Número 8 e seus múltiplos.
Oxum – Número 6 e seus múltiplos.
Euá – Número 6 e seus múltiplos.
Obá – Número 5 e seus múltiplos.
Iemanjá – Número 4 e seus múltiplos.
Nanã – Número 2 e seus múltiplos.
Tempo – Número 9 e seus múltiplos.

Vungi – Número 7 e seus múltiplos.
Oxalá – Número 7 e seus múltiplos.

OS DIAS E OS MESES DE CADA ORIXÁ

Também os dias e os meses têm a regência dos orixás. Cada um deles será melhor ou pior para os negócios, para o amor ou viagens. Se Exu e Ogum regem os caminhos e as estradas, Oxosse rege as lavouras; Ossãe, as matas e as ervas; Oxumarê, o dinheiro; Obaluaê/Omolu, as doenças; Xangô, a justiça; Iansã, os raios e o vento; Logunedé, os rios e a mata; Oxum, o ouro e as cachoeiras; Euá, a formação de nuvens; Obá, os rios; Iemanjá, os mares; Nanã, as chuvas; Tempo, as estações do ano; Vungi, a infância; e, finalmente, Oxalá rege a paz. Veja qual o melhor dia e o melhor mês para se fazer as coisas, de acordo com a regência de cada orixá.

Dias da semana

Pela regência normal dos dias da semana, a tabela ficaria assim:

Segunda-feira – Exu e Omolu;
Terça-feira – Ogum, Ossãe e Tempo;
Quarta-feira – Xangô, Iansã e Obá;
Quinta-feira – Oxosse, Logunedé e Oxumarê;
Sexta-feira – Oxalá;
Sábado – Oxum, Iemanjá e Euá;
Domingo – Nanã e Vungi.

Para se fazer bons negócios, cada dia da semana tem regência variável. Apesar da semana iorubana ter apenas quatro dias, podemos adaptá-la para sete, de acordo com a regência e os negócios que se quer realizar.

Segunda-feira – Exu, Omolu/Obaluaê e Nanã;
Terça-feira – Ogum, Ossãe e Tempo;
Quarta-feira – Xangô, Iansã, Obá e Euá;
Quinta-feira – Oxosse, Oxumarê, Logunedé e Oxum;
Sexta-feira – Oxalá, Vungi e Iemanjá;
Sábado – Todas as santas iabás (mulheres);
Domingo – Todos os santos borós (homens).

Meses do ano

Os meses ficariam regidos desta forma:

Janeiro – Oxosse e Logunedé;
Fevereiro – Exu;
Março – Oxalá;
Abril – Ogum;
Maio – Tempo;
Junho – Euá e Ossãe;
Julho – Xangô;
Agosto – Oxumarê;
Setembro – Obá;
Outubro – Vungi e Nanã;
Novembro – Omolu/Obaluaê;
Dezembro – Oxum, Iansã e Iemanjá.

AS FLORES E AS FRUTAS DOS ORIXÁS

Como tudo na Natureza, também as flores e as frutas são regidas pelos orixás. Cada um deles tem suas preferências e gostos bem diferentes. O perfume de uma flor agrada mais a um orixá que a outro. O gosto de uma fruta e seu aroma deixam feliz determinado orixá. E nós, humanos, nos aproveitamos disso para fazer nossos agrados e oferendas aos nossos santos, conseguindo, dessa forma, seu Axé.

Flores

Exu – Cravo vermelho;
Ogum – Cravo branco;
Oxosse – Flores do campo;
Ossãe – Papoula;
Oxumarê – Sempre-viva;
Omolu/Obaluaê – Quaresma;
Xangô – Palma vermelha;
Iansã – Rosa chá;
Logunedé – Flores do campo e rosas brancas;
Oxum – Rosas amarelas;
Euá – Violeta;
Obá – Petúnia;
Iemanjá – Palma branca;
Nanã – Hortênsia e manacá;
Tempo – Rosa branca miúda e margarida;
Vungi – Jasmim;
Oxalá – Lírio.

Frutas

Exu – Cana-caiana e limão-bravo;
Ogum – Manga espada;
Oxosse – Cana-do-brejo e pitanga;
Ossãe – Pera e carambola;
Oxumarê – Uva verde e melão;
Omolu/Obaluaê – Banana-da-terra;
Xangô – Caqui e fruta-de-conde;

Iansã – Manga-rosa;
Logunedé – Araçá e laranja-lima;
Oxum – Banana-prata;
Euá – Cereja e banana-ouro;
Obá – Manga carlotinha;
Iemanjá – Graviola e pêssego;
Nanã – Jaca dura;
Tempo – Jenipapo;
Vungi – Maçã e morango;
Oxalá – Cajá e fruta-pão.

A tangerina é a quizila de todos os orixás na nação angola, assim como o abacaxi é a quizila na nação keto.

QUIZILAS: SE OS ORIXÁS DETESTAM, SEUS FILHOS NÃO DEVEM FAZER

Existem determinadas coisas que simplesmente odiamos, que não suportamos. A isso damos o nome de quizila. Também os orixás têm as suas quizilas, e nós, que queremos estar sempre bem com eles, evitamos.

Abaixo estão descritas as quizilas mais comuns dos orixás.

Exu – Canjica, água-benta e sal grosso;
Ogum – Quiabo, ambiente fechado e tartaruga;
Oxosse – Ovo, cabeça de qualquer bicho e o inseto esperança;
Ossãe – Jiló, ventania e cachorro preto;
Oxumarê – Sal, água do mar e lesma;
Omolu/Obaluaê – Claridade, amêndoa e perereca;
Xangô – Qualquer tipo de doença, egum e peixe de pele;
Iansã – Abóbora, lagartixa e folha seca;
Logunedé – Abacaxi e cabeça de qualquer bicho;

Oxum – Abacaxi e barata;
Euá – Teia de aranha e a própria aranha;
Obá – Sopa de qualquer tipo e peixe de água doce;
Iemanjá – Poeira e sapo;
Nanã – Multidão e coelho;
Tempo – Chuva e lacraia;
Vungi – Dendê, assobio e egum;
Oxalá – Aguardente, dendê, amora e animal escuro.

OS ANIMAIS AFILHADOS DOS ORIXÁS

Chamamos de animais de estimação dos orixás aqueles que normalmente não sacrificamos, mas criamos em sua homenagem.

Exu – Gato;
Ogum – Cavalo;
Oxosse – Faisão;
Ossãe – Periquito;
Oxumarê – Cobra;
Omolu/Obaluaê – Cachorro;
Xangô – Leão e cágado;
Iansã – Borboleta e gato;
Logunedé – Coelho;
Oxum – Canário;
Euá – Sabiá;
Obá – Gato de cor clara;
Iemanjá – Peixe;
Nanã – Rã;
Tempo – Cachorro e papagaio;
Vungi – Bico-de-lacre;
Oxalá – Carneiro.

Normalmente os bichos indicados para sacrifício são: galo, galinha, cabrito, pombo, cágado, porco, caracol (igbi de Oxalá), preá, cotia, galinha-d'angola, carneiro, bode.

Na África sacrificam-se cachorros para Exu e Ogum, e javalis para Oxosse.

Banhos, defumações e oferendas

BANHOS DE DESCARREGO QUE TRAZEM BONS FLUIDOS

Conta a lenda que Ossãe, orixá da medicina, regia todas as ervas, sendo dono do conhecimento e dos segredos de todas elas. Um dia, Iansã, orixá que domina os raios e os ventos, pediu-lhe determinado tipo de erva, o que lhe foi negado. Isso porque Iansã não quis oferecer a Ossãe nada em troca do favor do deus das ervas. A resposta negativa de Ossãe deixou Iansã irada e, com um balançar de seu *axó pupá* (roupa vermelha), provocou um enorme vendaval, espalhando as ervas em toda a terra iorubá. Muitas delas foram parar em Keto, reino de Oxosse, outras em Oyó, reino de Xangô, outras ainda em Ifé, terra sob domínio de Oxalá, e assim sucessivamente. A grande maioria das folhas de Ossãe voou para o reino dos outros orixás e, com elas, foram também todos os segredos de cada uma delas.

Ossãe continua sendo o Senhor das ervas, mas cada orixá tem as suas próprias, aquelas que cultivaram em seus reinos e que, no candomblé, não podem faltar em qualquer tipo de obrigação. É exatamente com as ervas dos orixás que fazemos nossos banhos de descarrego, que trazem bons fluidos e boa sorte. A mistura de determinadas ervas ou uma ou outra sozinha, quinada, pode, perfeitamente, agir como força para descarrego e captação de energia positiva. A seguir, vamos conhecer alguns destes banhos que realmente fazem milagres.

Banhos específicos para os filhos de cada orixá

Exu

Os filhos de Exu se dão muito bem e têm muita sorte com banho de hortelã-pimenta, jogado do pescoço para baixo. Também as folhas da aroeira, retiradas após as 18 horas e quinadas, servem de banho de descarrego e atração de bons fluidos.

Ogum

Folhas de aroeira, retiradas do pé antes das 18 horas e misturadas com folha-da-fortuna, trazem sorte e tranquilidade para os filhos de Ogum.

Oxosse

Banho de alecrim-do-campo misturado com hortelã ou pitanga é o melhor para os filhos de Oxosse. Este banho tem um poder muito grande de captação de energia positiva.

Ossãe

O alecrim-de-jardim é o melhor banho de descarrego para os filhos de Ossãe, que podem se utilizar de outras ervas para seus banhos de captação de forças.

Oxumarê

Para os filhos deste orixá, o melhor é o banho com folhas da fruta-pão, ou ainda peregum de Oxumarê. Sempre deve ser jogado do pescoço para baixo.

Obaluaê/Omolu

Costela-de-adão macerada traz fortes poderes de cura e energia positiva para os filhos destes orixás.

Xangô
Os filhos de Xangô devem tomar banho com quitoco e nega-mina sempre que puderem. São ervas de grande poder de captação de forças.

Iansã
Banho de para-raios quinado e também imbaúba são muito positivos para os filhos de Iansã.

Logunedé
O peregum de Logunedé é apropriado, mas o melhor é a mistura de avenca e alecrim-do-campo. Essa mistura dá mais força aos filhos deste orixá

Oxum
Sem ir muito longe, com oriri e saião prepara-se um excelente banho para os filhos de Oxum, pois estas são ervas que captam forças da natureza, trazem sorte, energia positiva e descarregam.

Obá
A erva que traz calma, tranquilidade e muita sorte para os filhos de Obá é a manjerona.

Iemanjá
Para os filhos da mãe das águas, o melhor banho, o que traz muita energia positiva, é o de erva-de-santa-luzia quinada.

Nanã
Para os filhos de Nanã, o melhor é o banho de efó ou caruru de Nanã, facilmente encontrado, misturado com boldo.

Vungi
O boldo misturado com alecrim-de-jardim é um banho indicado para os filhos de Vungi ou para qualquer criança até doze anos.

Euá
A avenca bem quinada ou até mesmo cozida é o melhor banho para os filhos de Euá e traz muita sorte no jogo.

Oxalá
Manjericão e boldo quinados ou cozidos são as folhas de descarrego para os filhos de Oxalá, trazendo paz, tranquilidade e saúde.

Outros banhos de descarrego indicados para qualquer pessoa, independente dos orixás

Manjericão, boldo e cana-de-macaco – Descarrego de Oxalá, que traz paz e tranquilidade.
Avenca e fruta-pão – Dá sorte e traz dinheiro.
São-gonçalinho – Afasta os eguns (espíritos desencarnados).
Abre-caminho e dinheiro-em-penca – Traz sorte, dinheiro e resolve problemas pendentes, que estão amarrados.
Alecrim-do-campo e manjericão – Traz paz e tranquilidade.

Banho para afastar os vícios de jogo e embriaguez

Arruda
Guiné
Um pedaço de fumo de rolo ralado.

O banho deverá ser tomado do pescoço para baixo. Depois de três dias, tomar um banho feito com água de canjica e boldo quinado.

Banho para acalmar, evitar a tensão e trazer boa sorte

Pétalas de girassol
Pétalas de três rosas amarelas
Pétalas de três rosas brancas
Manjericão quinado
Arruda
Guiné

Após tomar esse banho, deve-se evitar por três dias, relações sexuais e o uso de bebida alcoólica.

Banho para ajudar a vencer problemas de justiça

Palma-de-santa-catarina
Manjerona
Quitoco
Manjericão
Levante
Arruda

Tudo deve ser quinado. De preferência tomar este banho às quartas-feiras.

DEFUMAÇÕES

A defumação também é importante e ajuda a trazer bons fluidos para as pessoas. Deve-se defumar a casa, pelo menos, uma vez por mês, sempre às terças ou sextas-feiras. As defumações mais comuns são:

Louro – Para fartura e abundância.
Arruda e guiné – Para afastar os eguns maléficos.

Alecrim e alfazema – Para ter sorte no amor e unir a família.
Benjoim e alfazema – Para trazer alegrias e boa saúde para a família.

OFERENDAS AOS ORIXÁS

Tradicionalmente, realizamos oferendas aos nossos orixás para que eles nos tragam paz, harmonia, felicidade, prosperidade, saúde, sorte etc. Oferecemos comidas, também, quando queremos resolver problemas de justiça, curar uma doença, dar uma força à cabeça e por inúmeros outros motivos. Objetivamente, a pessoa mais indicada para fazer a arriada (entrega) é a ialorixá (mãe de santo) ou o babalorixá (pai de santo), ou ainda qualquer outro vodunci (iniciado) que tenha conhecimento para isso. Oferecer uma comida ao orixá é algo de muita responsabilidade e é necessário um mínimo de conhecimento para executar tal trabalho. Devemos esclarecer que o orixá não se alimenta da comida propriamente dita, mas de sua essência, ou seja, da mistura de determinadas coisas que produz um aroma, um perfume, em suma, uma essência que lhe é agradável. Dissemos que a arriada de uma comida, ou ebó, é algo de muita responsabilidade, mas daremos uma dica para aqueles que querem agradar seu orixá, ou os exus, pretos-velhos, caboclos e erês (crianças) de sua devoção. Existem os ebós específicos, que são oferecidos com um único objetivo. Existem também outros que são generalizados; e outros ainda que servem para dar força à cabeça; neste caso, o ebó indicado é o do orixá que rege a cabeça. Se a pessoa não souber quem é o seu regente, deverá procurar imediatamente um jogo de búzios, que é o único meio (o mais correto) para se definir o eledá da pessoa.

Ebós para fins específicos

Ebó para ganhar dinheiro, ter fartura e progresso

1 prato branco virgem
1 vidro pequeno de mel
1 vela de sete dias branca
7 moedas do maior valor corrente
1 pedaço de melancia ou melão
3 bananas tipo ouro ou d'água
1 cacho de uva verde

Modo de fazer
Pegar as frutas e arrumá-las no prato. Em seguida colocar as moedas em volta. Acender a vela e colocar o mel sobre as frutas. Em seguida, dizer o encantamento: *Ijúba, babá mi, Oxumarê*. Logo depois, fazer o pedido.

Este ebó é para Oxumarê, senhor do dinheiro, e deve ser feito de preferência numa quinta-feira, depois das 18 horas. Pode ser colocado dentro de casa, num lugar alto.

Ebó para ficar curado de uma doença

1 alguidar de barro
250 gramas de milho-alho
1 vela comum branca

Modo de fazer
Fazer pipoca com o milho e colocá-la no alguidar. Acender a vela. Logo após, passar a pipoca no corpo da pessoa que está doente. Em seguida, catar toda a pipoca, colocando-a de novo no alguidar. Cruzar a pessoa com a vela e colocar a vela no meio do al-

guidar, equilibrada na pipoca, e deixar queimar toda a pipoca. Despachar o alguidar num rio.

Esse ebó é de Omolu/Obaluaê e deve ser feito numa segunda-feira, à noitinha.

Ebó para ajudar a vencer problemas de justiça

12 quiabos em bom estado
Mel
1 travessa pequena de louça branca
1 vela comum branca

Modo de fazer

Acender a vela para iluminar o trabalho. Em seguida, picar o quiabo em rodelas. Logo após, juntar o mel e, com as mãos, amassar o quiabo e pedir a Xangô, senhor da justiça, que ajude no problema. Depois que a mistura fizer espuma, colocar a travessa com o quiabo debaixo da cama e deixar a vela queimar num lugar alto da casa. Para esse serviço, é bom que a pessoa durma com roupa clara e que não tenha relação sexual. No dia seguinte, despachar o quiabo num jardim.

Ebó para acalmar uma criança muito agitada

7 qualidades de frutas (menos tangerina e abacaxi)
7 qualidades de doces (menos chocolate)
1 vela de sete dias branca
1 vela de sete dias cor-de-rosa
1 garrafa de guaraná
1 prato (pode ser de papelão)
Folhas de mamona
1 copo com água

Mel
1 pedaço de papel virgem

Modo de fazer
Passar as frutas e os doces na criança e arrumar no prato forrado com as folhas de mamona. Colocar tudo num jardim. Em seguida, dar um banho comum na criança e jogar sobre ela o guaraná, da cabeça para baixo. Acender as duas velas e pedir a Ibeji que traga paz e harmonia para aquela criança. Ao lado das velas colocar o copo com a água e um pouco de mel, deixando embaixo o papel com o nome da criança escrito.

Ebó para viver feliz com a pessoa que se ama

1 vela cor-de-rosa
1 vela azul
30cm de fita branca
1 maçã
Mel
1 pires branco
1 pedaço de papel virgem

Modo de fazer
Escrever no papel o nome da pessoa com a qual se deseja viver feliz. Escrever sobre o nome da pessoa o seu próprio nome cruzado sete vezes. Abrir uma espécie de tampa na maçã, colocar o papel dentro, colocar mel e tampar. Unir as duas velas com a fita branca. Colocar tudo num jardim e pedir a Vungi para trazer paz e harmonia para o casal.

Ebó para se fazer uma boa viagem

1 inhame grande
Mel
1 alguidar bem pequeno ou pote de barro
3 folhas de folha-da-fortuna

Modo de fazer

Cozinhar o inhame inteiro e com casca. Depois de pronto, tirar a tampa (como se faz com uma laranja). Cavar um pouco do inhame para colocar o mel dentro. Arrumar dentro do pote ou alguidar, com as três folhas. Colocar esse ebó na estrada, na direção de quem sobe, pedindo a Ogum, senhor dos caminhos, uma boa e tranquila viagem.

Ebó para conseguir emprego

Pó de três lojas comerciais
1 alguidar médio de barro
2 velas brancas comuns
1 vela preta e vermelha
Mel
Dendê
2kg de farinha de mandioca crua
1 cebola grande
1 garrafa de cachaça
1 charuto
1 caixa de fósforos
1 metro de morim branco virgem

Modo de fazer
   Encher metade do alguidar com farinha misturada com dendê e a outra metade com farinha misturada com mel. Cortar a cebola em rodelas e enfeitar a comida com elas. Jogar um pouco dos pós que foram recolhidos nas casas comerciais. Arriar tudo numa encruzilhada, à noite. Acender as velas, abrir a cachaça e acender o charuto. Arrumar tudo em cima do morim. Fazer o encantamento com as palavras: *Kobá, Laroiê Exu, a mojubá*. Fazer em seguida o pedido que desejar.
   Esse ebó é oferecido a Exu e deve ser feito numa segunda-feira.

Ebó para amarração

   1 vela de cera
   Mel
   1 agulha virgem
   Linha branca
   ½ metro de morim branco
   1 língua de boi fresca
   1 pedaço de papel virgem

Modo de fazer
   Abrir a língua ao comprido, colocar dentro o papel com o nome da pessoa escrito e um pouco de mel. Em seguida, costurar com a linha. Colocar num pé de carvalho, sobre o morim, e acender a vela ao lado. Pedir aos exus das árvores para amarrar a pessoa.
   Esse ebó deve ser feito numa noite de lua crescente, exceto às sextas-feiras.

Ebó para firmeza do lar

1 taça incolor virgem
Champanhe
7 contas de lágrima-de-nossa-senhora

Modo de fazer
Num sábado, pela manhã, encher a taça com a champanhe e colocar, uma a uma, as contas, dizendo: "Que a paz e a segurança reinem nesta casa". Colocar atrás da porta, deixando até a champanhe secar.

Ebó de orixá

Esse tipo de ebó é para o orixá que rege a cabeça da pessoa e deve ser arriado pelo babalorixá ou pela ialorixá, pois é extremamente necessário que haja a confirmação, pelos búzios, do orixá regente. É muito importante também que a pessoa dê um agrado a Exu, que é o primeiro a comer, antes de todos.

Ebó para os filhos de Exu

1 alguidar de barro
1 pedaço de cana-caiana
Mel
1 limão-galego
1 vela de sete dias branca

Modo de fazer
Cortar a cana pelos nós, descascar e arrumar dentro do alguidar. Cortar o limão em cruz, com casca, e colocar no meio do alguidar. Regar com mel. Acender a vela. Arriar num lugar alto, de

preferência numa pedra e numa segunda-feira. Esse ebó é para Lebara, que é o orixá Exu.

Saudação: *Koba, Laroyê Exu, a mojubá.*

Ebó para os filhos de Ogum

1 vela de sete dias branca
Mel
1 alguidar de barro
7 inhames
7 folhas de folha-da-fortuna

Modo de fazer
Cozinhar os inhames. Depois de prontos, cortar uma tampa, como se faz com laranjas. Cavar um pouco dos inhames para colocar o mel. Colocar as folhas em volta. Arriar numa autoestrada ou, ainda, numa estrada de ferro, sempre na linha de subida. Fazer na terça-feira.
A saudação é: *Jesse jesse patacury Ogum.*

Ebó para os filhos de Oxosse

1 alguidar de barro
1 vela de sete dias branca
Azeite-doce
1kg de milho vermelho

Modo de fazer
Numa quinta-feira, cozinhar o milho e, depois de frio, colocá-lo no alguidar e regar com azeite-doce. Entregar na mata e fazer a saudação: *Banda koké Odé maior, odê arô.*

Ebó para os filhos de Ossãe

1 molho de taioba
1 pedaço de fumo de rolo
1 vela de sete dias branca
Mel
1 travessa de louça branca

Modo de fazer
Numa terça-feira, refogar a taioba e colocá-la na travessa. Em seguida, picar o fumo de rolo e jogá-lo por cima da taioba. Regar com mel. Entregar na mata e saudar: *Eu eu Ossãe*.

Ebó para os filhos de Oxumarê

1 tigela de louça branca
250g de fubá
250g de creme de arroz
7 moedas correntes do maior valor
1 vela de sete dias branca

Modo de fazer
Fazer um mingau de creme de arroz e um de fubá. Colocar na tigela, arrumando uma metade em cada lado. Na divisão entre o fubá e o creme de arroz, colocar as moedas. Esse ebó pode ser oferecido a Oxumarê num grande jardim. Saudação: *Arrobobóia Oxumarê*.

Ebó para os filhos de Omolu/Obaluaê

½kg de milho-alho
1 alguidar de barro médio

Mel
1 vela de sete dias branca
½ metro de morim branco

Modo de fazer
Estourar as pipocas e colocá-las no alguidar. Em seguida, regar com mel (quando as pipocas estiverem frias). Levar até o portão principal de um cemitério. Estender o morim e colocar o alguidar em cima. Saudação: *Ajuberu, Atotô*.

Ebó para os filhos de Xangô

½kg de quiabo
1 travessa de louça branca
Mel
1 vela de sete dias branca
1 cerveja preta

Modo de fazer
Em primeiro lugar, separar sete quiabos inteiros. Cortar os restantes em rodelas e enfeitar com os inteiros, em volta da travessa. Colocar bastante mel. Esse ebó deve ser colocado numa pedreira. Estourar a cerveja e dizer a saudação a Xangô: *Obanixé caó kabiecile*.

Ebó para os filhos de Iansã

1 travessa de barro
3 inhames grandes
Mel
Dendê
100g de camarão
1 vela de sete dias branca

Modo de fazer
Depois dos inhames cozidos, descascá-los e cortá-los em rodelas. Enfeitar com camarão e colocar um pouco de mel e dendê. Arriar num bambuzal, numa quarta-feira. A saudação para Iansã é: *Eparrei Oiá*.

Ebó para os filhos de Logunedé

3 ovos de galinha
1 alguidar de barro médio
1kg de milho vermelho
Mel
1 vela de sete dias branca

Modo de fazer
Cozinhar o milho e colocá-lo no alguidar. Cozinhar os ovos e colocá-los, sem casca e de ponta para cima, sobre o milho, formando um triângulo. Regar com mel e arriar, numa quinta-feira, na mata, de preferência, perto de um olho-d'água. Saudação: *Lossi, lossi, Logum*.

Ebó para os filhos de Oxum

1 tigela pequena de louça branca
3 ovos de galinha
Dendê
1 vela de sete dias branca
1 pedaço de fita amarela

Modo de fazer
Cozinhar os ovos e colocá-los dentro da tigela. Regá-los com dendê. Amarrar a fita na vela e levar tudo numa cachoeira, à tarde, num sábado. Saudar Oxum: *Ora Ieiê ô, fideriomã*.

Ebó para os filhos de Iemanjá

½kg de arroz
250g de camarão seco
1 cebola grande
Dendê
1 vela comum branca
1 travessa de louça branca

Modo de fazer

Cozinhar o arroz. Picar a cebola e refogar com o dendê e o camarão. Colocar o arroz numa tigela ou travessa branca de louça e pôr a cebola com camarão e dendê sobre o arroz. Levar à praia num sábado. A saudação é: *Eruiyá, Odoyá.*

Ebó para os filhos de Nanã

3 folhas de mostarda
1 cebola grande
250g de camarão fresco
1 travessa de louça branca
1 vela de sete dias branca
Dendê

Modo de fazer

Refogar a mostarda com o camarão e a cebola, que deve ser picada. Tudo isso é feito no dendê. Arrumar tudo na travessa e levar num pântano, que é o melhor lugar para se agradar a Nanã. Esse ebó deve ser dado de preferência num domingo. Saudação: *Saluba Nanã*.

Ebó para os filhos de Tempo

1 pote médio de barro
1 metro de morim branco
1 vela de sete dias branca
1kg de farinha de mandioca crua
1 pote de melado

Modo de fazer
Misturar o melado na farinha e colocar no pote de barro. Em seguida, pegar o pote e colocar no pano, de jeito que se possa pendurar num galho alto de uma árvore. Acender a vela no pé da árvore e fazer a saudação: *Tempoió*.

Ebó para os filhos de Vungi

½kg de canjica branca
Leite de coco
Açúcar
1 tigela branca de louça
1 vela branca e rosa (ou somente branca)
1 metro de morim branco

Modo de fazer
Depois da canjica cozida, socá-la com leite de coco e açúcar. Despejar tudo na tigela de louça. Arrumar uma mesa com o morim, num jardim, e arriar a comida e a vela. Esse ebó poderá ser feito de quarta-feira a domingo, pela manhã, bem cedo, antes do sol esquentar.

Ebó para os filhos de Oxaguiã

½kg de arroz
Azeite-doce
3 ovos de galinha
1 travessa branca de louça
1 vela de sete dias branca

Modo de fazer

Cozinhar o arroz e regá-lo com azeite-doce. Bater as claras em neve e cobrir o arroz com elas. Arriar na porta de uma igreja, numa sexta-feira, e fazer a saudação: *Epa epa Babá*.
Para os filhos de Oxalufã, o melhor é a canjica cozida com mel e coberta com algodão. A saudação e o local para a arriada são os mesmos.

Ebó dos encantados

São considerados encantados todos os pretos-velhos, caboclos de pena e caboclos boiadeiros. A eles também oferecemos agrados quando estamos querendo atingir um objetivo. Todos sabem da importância de entidades como estas, que nos aconselham, nos dão passes e resolvem nossos pequenos e, até mesmo, grandes problemas. As oferendas para os encantados também representam uma força para a cabeça e ajudam em muito no desenvolvimento da mediunidade, de quem vira (recebe) com eles. Tais oferendas, como as dos orixás, são dadas periodicamente, ou quando se quer alcançar uma graça.

Ebó para as Almas (pretos-velhos)

250g de feijão preto
250g de linguiça de porco

1 cebola
100g de farinha de mandioca crua
1 alguidar de barro médio
1 vela de sete dias preta e branca

Modo de fazer
Cozinhar o feijão sem tempero. Refogar a linguiça com cebola. Misturar a linguiça, que deve ser picada em rodelas, com o feijão e a farinha, até virar um tutu. Colocar no alguidar e arriar num cruzeiro ou na porta de uma igreja, numa segunda-feira. Saudação: *Adorei as almas*.
Pode-se colocar junto um copo liso com café forte, sem açúcar.

Ebó de Caboclo de Pena e Boiadeiro

1 abóbora moranga
1 cacho de uva
3 bananas
1 pera
1 garrafa de vinho branco licoroso
Mel
1 charuto
1 vela branca ou verde

Modo de fazer
Abrir uma espécie de tampa na abóbora, colocar dentro as frutas e regar com mel. Abrir uma garrafa de vinho, acender o charuto e a vela. Arriar na mata (para Caboclo de Pena) ou numa porteira de fazenda (para Boiadeiro) numa quinta-feira. Saudações: *Ohê caboclo* e *Xeto marrumba xeto*, respectivamente para Caboclos de Pena e Boiadeiros.

Conclusão

Quero aproveitar o final deste trabalho para fazer alguns esclarecimentos, principalmente no que se refere à psiquê dos "omo orixás", ou seja, dos filhos dos orixás. Tanto o lado positivo quanto o negativo de todos aqueles regidos pelos orixás sofrem, invariavelmente, alguma alteração, dependendo evidentemente do ajuntó (que exerce 25% de influência sobre nós), sem esquecer do terceiro santo (15% de influência), do quarto santo (7% de influência) e do santo de carrego (3% de influência). O que foi apresentado significa o comportamento básico, com fulcro em estudos e pesquisas feitos ao longo de vários anos, analisando atentamente o comportamento das pessoas envolvidas ou não com a religião.

O funcionamento de um Ilê axé (casa religiosa) não é muito fácil de se entender, principalmente para aqueles que apenas simpatizam com o culto. É necessário, para se aprender alguma coisa, um envolvimento maior, começando pela condição de abiã (iniciante), passando pela iniciação pelo obori, até chegar à condição de "feito no santo", que tem as categorias de iaô (de zero a três anos de feito); vodunci (de três a sete anos de feito); ebomi (de sete a 21 anos) e finalmente tata-de-inkice (com mais de 21 anos de feito). Existem aqueles que não são feitos no candomblé, mas que fizeram a chamada camarinha de umbanda, e que hoje são considerados pais e mães de santo de umbanda de muito prestígio e conhecimento.

Existem ainda aqueles que não têm nenhuma iniciação, seja no candomblé, seja na umbanda, mas que são pesquisadores natos do assunto. A estes, os grandes segredos são omitidos, pelo simples fato de não terem iniciação no culto.

A religião espírita, em suas diversas linhas e tendências, é considerada muito controversa e está cheia de mistérios, belezas, segredos, encantamentos, que acabam por nos fascinar, nos fazendo querer saber sempre mais e mais. Ao contrário do que muitos pensam, não se trata de uma religião que, quando se entra, não se pode mais sair; trata-se de uma religião de que, quando nela ingressamos, queremos saber sempre mais, pois suas formas, belezas e mistérios funcionam como ímã, pelo qual nos sentimos cada vez mais atraídos e fascinados.

Aquele que não conhece bem, principalmente o candomblé, pode até questionar nosso trabalho; com o correr do tempo e boa dose de interesse, verá que as características e o comportamento das pessoas são tais como expusemos em nosso livro.

Se você ainda não conhece bem a religião, aproxime-se. Chegue mais perto deste mundo mágico e deslumbrante. Procure, através do jogo de búzios, seu orixá regente, enfim, seu eledá, e suas qualidades, e veja onde você se enquadra.

Uma atitude desta fará com que você entenda melhor tanto a si mesmo quanto as outras pessoas. Assim, saberemos melhor e entenderemos melhor como o vento, o trovão, o mar, a chuva, as florestas — toda a natureza de um modo geral — podem exercer tão forte influência em nossa personalidade. Como foi dito na introdução, de forma alguma me baseei na psicologia, pois não sou psicólogo, mas zelador de santo, babalorixá, que conhece mais intimamente como se comportam os orixás em suas diversas qualidades. As pessoas mudam de comportamento por diversos motivos, mas jamais perdem a sua característica principal, jamais mudam sua psiquê, pois quem nasce na regência de um orixá deixa este mundo com o mesmo orixá, porque ninguém pode escolher o orixá de sua preferência, nem trocar de santo. Nascemos com a regência de um determinado orixá, que nos carregará em seus braços por toda a nossa vida.

O objetivo deste trabalho foi esclarecer, mostrar como se comportam as pessoas de acordo com a sua regência espiritual. Mostrar seu lado positivo — o das virtudes — e o lado negativo — o dos defeitos. Acrescentamos ainda algumas coisas que são úteis para aqueles que cultuam, ou não sabem como cultuar, os seus respectivos orixás. Foram mostradas as quizilas, as frutas, flores, os animais, números, banhos, ebós, que nos auxiliarão nos momentos de angústia, dúvida, aflição, medo, injustiça.

No mundo em que vivemos, devemos acreditar, cada vez mais, nas forças espirituais que nos cercam; num universo tão vasto, existem outras formas de vida, outras formas de inteligência. Neste planeta, que conhecemos pelo nome de Terra, encontramos muitas formas de vida, de cultura e de comportamento. E o africano, antigamente considerado uma sub-raça, nos legou, depois de muito sofrer com a escravidão, sua cultura maravilhosa, que só poderia ser desenvolvida por seres de grande inteligência, amparados por uma força maior, a que nós, candomblecistas, damos o nome de Olorum — o Deus Todo Poderoso. Esses africanos, de grande inteligência e clarividência, desenvolveram materialmente a vontade e os ensinamentos dos orixás e, com pureza no coração, fizeram chegar até nós uma cultura definida, recheada de grandes maravilhas e ensinamentos filosóficos.

Este trabalho é também uma homenagem a todos aqueles que me possibilitaram penetrar num mundo maior, misterioso, e poder transmitir conhecimentos aos meus semelhantes. Defino tudo isso como o encontro do homem com a arte, com a cultura; o encontro do homem consigo mesmo e o encontro do homem… com Deus!

Bibliografia

BARCELLOS, Mário. **Aruanda.** Rio de Janeiro: Eco, 1968.

_____. **O livro do exército branco de Oxalá.** Rio de Janeiro: Eco, 1970.

BASTIDE, Roger. **As religiões africanas no Brasil: contribuição a uma sociologia das interpenetrações de civilizações.** 3. ed. São Paulo: Livraria Pioneira, 1989.

_____. **O candomblé da Bahia (rito nagô).** São Paulo: Nacional; [Brasília]: INL, 1978. (Brasiliana; vol. 313)

CARNEIRO, Édson. **Antologia do negro brasileiro.** Porto Alegre: Globo, 1950.

CARYBÉ. **Iconografia dos deuses africanos no candomblé da Bahia.** São Paulo: Raízes, 1980.

GRAY, Jeffrey. **A psicologia do medo e do stress.** 2. ed. Rio de Janeiro: Zahar, 1978.

KARDEC, Allan. **O evangelho segundo o espiritismo.** Rio de Janeiro: Federação Espírita Brasileira, 19--.

_____. **O livro dos médiuns.** Rio de Janeiro: Federação Espírita Brasileira, 19--.

MASLOW, Abraham H. **Introdução à psicologia do ser.** Rio de Janeiro: Eldorado, 1968.

PORTUGAL, Fernandes. **A magia africana, ritual e poder do povo yorubá.** Rio de Janeiro: Centro de Estudos e Pesquisas de Cultura Yorubana, 1978.

_____. **Axé: o poder dos deuses africanos.** Rio de Janeiro: Eco, 1986.

_____. **Curso de cultura religiosa afro-brasileira.** Rio de Janeiro: Freitas Bastos, 1988.

_____. **Os deuses africanos.** Rio de Janeiro: Centro de Estudos e Pesquisas de Cultura Yorubana, 19--.

_____. **Os deuses yorubá.** Rio de Janeiro: Centro de Estudos e Pesquisas de Cultura Yorubana, 1987.

_____. **Vamos falar yorubá.** Rio de Janeiro: Centro de Estudos e Pesquisas de Cultura Yorubana, 19--.

RIBEIRO, José. **Candomblé no Brasil.** Rio de Janeiro: Espiritualista, 19--.

_____. **Comidas de santo e oferendas.** 5. ed. Rio de Janeiro: Eco, 1973.

RIBEIRO, René. **Religião e relações raciais.** Rio de Janeiro: Ministério da Educação e Cultura, 1982.

RODRIGUES, Nina. **Os africanos no Brasil.** São Paulo: Nacional; [Brasília]: Ed. Universidade Brasília, 1977. (Brasiliana; vol. 9)

SILVA, Édson Nunes. **Estrutura do pensamento afro-brasileiro.** Salvador: Secretaria de Educação e Cultura, 1975.

VERGER, Pierre F. **Orixás.** Salvador: Corrupio, 1981.

_____. **Lendas dos orixás.** Salvador: Corrupio, 1981.

Histórico: o autor e o culto

Nascido dentro da religião no ano de 1953, Mario Cesar Duarte Barcellos, carioca de Botafogo, só se iniciou no culto aos 14 anos de idade. No mês de agosto de 1967, nascia na Roça do Xangô de Ouro o "barco" dos 13, formado por Ajaguessu (de Xangô), que fazia sua obrigação de sete anos, e os iaôs Roxi Begum (Ogum), Mona Leuã (Oxum), Banda Silê (Xangô), Dacimê (Omolu), Katalamim (Oxosse), que é o autor deste trabalho, Kandu Lemi (Xangô), Obá Leci (Xangô), Obá Zeuí (Xangô), Oiá Kimê (Iansã), Oiá Rogi (Iansã), Zaze Erangi (Xangô), Micanangê (Iemanjá) e, finalmente, Odé Reuã (Oxosse), que foi confirmado ogã.

Feito na nação angola, conheceu o fundamento da nação keto, devido a sua origem. Mario Cesar Barcellos (Kitalamim) é filho de Obá Teleuá, de Xangô Airá, e neto de Hilário Reimídio das Virgens (Oju-Obá, de Xangô Airá). Teve como pais-pequenos Djalma de Iansã (Ibanajé) e Carlos de Iansã (Nenguanda) e, como mãe-pequena, Ellis de Iansã (Oiá Ifé), todos do Axé da Goméa.

Mas a raiz forte de Kitalamim veio de Rufino (Ungibemim) de Obaluaê, pai de Oju-Obá, que, depois da morte de Rufino, tirou a mão de vumbi com a conhecida ialorixá Mariquinha de Lembá, de Salvador (Bahia). E foi aí que nasceu nesta família (que veio para o Brasil sob a proteção da tronqueira de Xangô) o axé de angola, repassado por Oju-Obá para as demais gerações de família e que hoje é conservado.

Aos sete anos de iniciado no culto afro-brasileiro, Kitalamim raspou seu primeiro iaô, de Oxumarê, começando, assim, sua vida como zelador de santo. Nos meados de 1974, Xangô Airá, patriarca da família, determinou o fechamento da Roça do Xangô de Ouro, legando poderes a Kitalamim como ossi pejigan de Oju-Obá e otum pejigan de Obá Teleuá, ou seja, o segundo a zelar pelos assentamentos de Oju-Obá e o primeiro a zelar pelos assentamentos de Obá Teleuá. Mesmo sem ter ainda terreiro aberto, Kitalamim já recebera como herança a grande responsabilidade de cuidar do assentamento de um orixá que, no ano de 1989, tinha 127 anos de idade, e de outros com mais de 35 anos.

Formado em jornalismo e advocacia, Mario Cesar Barcellos não se afastou de sua missão religiosa. No início de 1985, nasceu finalmente a Ordem Santa do Palácio Azul de Ibualama — Ilé Axé Kitalamim, com sede própria, situada na Rua Francisco de Lucas, 87, em Rosa dos Ventos, Município de Nova Iguaçu, no Estado do Rio de Janeiro, tendo como mães-pequenas da casa sua esposa, Deusa de Oxum, filha de Guilherme de Ogum e neta de Jossonita, e Sueli Trindade, de Oxalá, filha da ialorixá Talita de Oxalá.

Estudioso dos cultos afro-brasileiros, Mario Cesar Barcellos procurou, desde cedo, ligar-se a outras personalidades do culto, a fim de dar continuidade ao trabalho de seu pai e procurar, cada vez mais, organizar e defender a religião.

O erguimento de sua casa de santo teve como objetivo a difusão do culto, além da realização de trabalhos sociais junto às comunidades carentes, trabalhos estes que vêm sendo realizados desde a fundação de seu terreiro.

Este livro foi impresso em setembro de 2019, na Imos Gráfica, no Rio de Janeiro.
O papel do miolo é o offset 75g/m2, e o da capa é o cartão 250g/m2.
A família tipográfica utilizada é a Minion Pro.